陽明丸と800人の子供たち

日露米をつなぐ奇跡の救出作戦

北室南苑 編著
Kitamuro Nan-en

並木書房

日本の読者の皆さまへ

サンクトペテルブルクにて
「『ウラルの子供たち』子孫の会」
代表 オルガ・モルキナ

私が「カヤハラ船長」という、子供心にも不思議で、魅力的な響きを持つ名前を初めて耳にしたのは、はるか昔の幼い頃でした。

その後、少し成長した頃、祖父母が子供時代に体験した驚くべき冒険譚（ぼうけんたん）を告げられ、大まかながらも、その事柄を初めて知ったのです。

その時は、「カヤハラ船長」は「ライリー・アレン」や「バール・ブラムホール」など、ほかの人物とともに話に出てきましたが、祖父の口から発せられたそれらの名前には、すべて深い敬意がこめられていました。そして、やがて知ったのですが、祖父母と一緒に冒険をした友人たちも同様に、これらの名前を持つ人々に深い感謝の念を抱いていたのです。彼らの一人は、真っ白の船長制服を着た、若く凛々（りり）しい男性の古ぼけた写真を大切に持っていましたが、それがこの「カヤハラ船長」でした。

いつしか時は流れ、あの歴史的な冒険をともにした人々は次々と鬼籍に入ってしまいました。

「これでは、あの事蹟の真実がいつかは消えてしまう！」と焦った私は、その詳細について調べてみようと、ある日突然思い立ったのです。それ以来、ロシア国内や米国を回り、残されているさまざまな史料にあたってきたのですが、ただカヤハラ船長についての消息だけは依然として謎のままでした。

しかし、神様が与えてくれた幸運としか言いようがないのですが、二〇〇九年に私はペテルブルクでの個展開催のために訪れていた北室南苑さんと巡り会ったのです。

当時、取り組んでいた「赤十字の旗の下に」というプロジェクトでの私のパートナーであり、露日友好に尽くしていたバレンチナ・カリーニナさんは、彼女なりに船長の情報を得ようと努めてくれていました。そのカリーニナさんが、私を北室さんに紹介してくれたのです。

彼女は、北室さんのお名前の「室」が、子供たちを乗せたヨウメイ丸が寄港した室蘭の「室」と同じ漢字であることから何らかの関係があるのではないか、という微かな期待を抱いていました。そして、二人で北室さんにそれを確かめたところ、残念ながら何も関係がないことがわかりました。結局、それから間もなく北室さんは帰国してしまいましたが、ヨウメイ丸の話には大変強い印象を持たれたご様子でした。

さて、それから数カ月がたった頃、彼女からの一通のメッセージによって、私たちがお願いした船長捜索をずっと続けてくださっていたことを知り、とても心を打たれました。その間に、彼女はできる限りの努力をなされていたのですから。

それから互いに連絡を取り合い、情報交換なども致しておりました。そして、一年半ほどもたった頃、ついに彼女から「カヤハラ船長発見！」の朗報がもたらされたのです。

彼女は船長のアイデンティティだけでなく、彼のお墓や一族の方々も見つけてくれました。それに併せて、まことに貴重な船長の手記の存在も確認されたのです。

そこに書かれていたのは、私の祖父母や数百人の仲間たちが乗船した陽明丸によって、二つの大洋と、多くの機雷が撒かれていたバルト海を越えて、無事帰郷できたという史実の新たな詳細でした。

やがて日本に招かれて訪れた船長の墓前での記念セレモニーに、光栄にも参加させていただきました。のちに北室さんが設立したNPO法人「人道の船 陽明丸顕彰会」の記念イベントにも二回招かれました。これら日本での貴重な体験はすべて、私の主宰する「『ウラルの子供たち』子孫の会」のメンバーに報告いたしました。彼らも、日本側の献身的な努力と活動に非常に感銘を受けております。

私たち、子孫の会は、そういう意味において、これら貴重な発見に貢献された北室さんを筆

陽明丸に救われ、帰郷した「『ウラルの子供たち』子孫の会」のメンバー。今も茅原船長と乗組員を命の恩人と感謝している。（写真提供：Olga Molkina）

頭に、その補佐役の一柳さん、そしてＮＰＯ活動を支えておられるすべての皆さまに深い感謝と敬意を捧げるものです。これら心ある日本の友人たちのお力添えにより、陽明丸事蹟の全容が明らかになることほど悦ばしいものはありません。

読者各位にぜひ知っていただきたいこと。それは、この本の出版が私たち、陽明丸の子供たちの子孫にとって、どんなに光栄なことかということです。

そして、日本という美しい国が、茅原（カヤハラ）船長はじめ船主の勝田銀次郎さん、そのほか陽明丸乗組員の方々の祖国であるという点に、この事蹟の本質が集約されているようにも思います。

この、私たちの家族にとっては命の恩人であり、英雄である茅原基治という人物、彼の心の広さ、寛容さ、優しさ、ヒューマニズムなどすべての美徳が末永く記憶されることを切に望むものです。（一柳 訳）

目次

「陽明丸事績」関連年表

1914年

7月　第1次世界大戦始まる。ドイツ語風の首都名「サンクトペテルブルク」はロシア語の「ペトログラード」に改称。

1917年

1月　石坂善次郎少将、ペトログラードの日本大使館付武官に着任。

3月　ロシア二月革命、皇帝ニコライ二世退位、中道派臨時政府樹立。

11月　ロシア十月革命、共産主義ボリシェヴィキ政権樹立。この頃からボリシェビキ派（赤軍）と反ボリシェビキ諸派（白軍）との内戦が次第に激化。

1918年

5月　南ウラルでチェコ軍団が武装蜂起、赤軍と衝突、ウラル以東のシベリア鉄道沿線の主要拠点を占拠、白軍と合流。895名の子供たちがペトログラード市から南ウラルに出立（夏季居留疎開）。当初は夏季までの予定が、激化した内戦に巻き込まれて故郷に戻れなくなり、現地で孤立。

7月　ルドルフ・B・トイスラー博士が米国赤十字社シベリア救護隊隊長に着任、シベリア一帯で活動開始。ロシア皇帝一家処刑。

8月　孤立したチェコ軍団を救出する名目で連合国（米英仏日など）によるシベリア出兵が開始。

11月　米国人ライリー・H・アレンが極東ウラジオストクに到着、シベリア救護隊の広報官に着任。第1次世界大戦終結。この頃「ウラル山中をさ迷う子供たち」の噂を聞いたシベリア救護隊が捜索活動を行なっていた。やがて、あるYMCA関係者が子供たちを発見し、ウラジオストクに救助要請がなされた。救援隊が子供

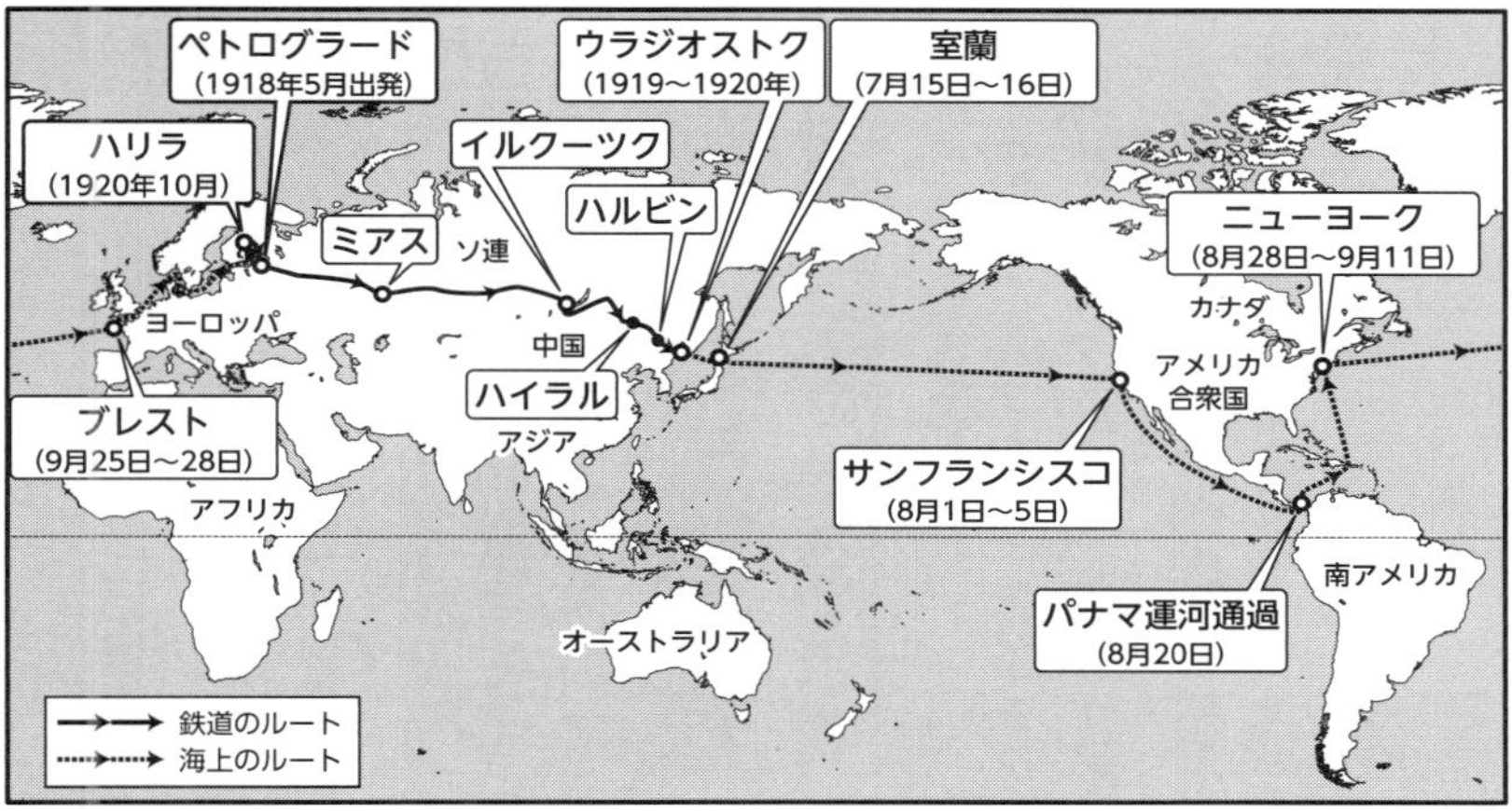

たちのすべてのグループに順次到着し、救護活動が始まった。子供たちは救援隊保護下で、ウラルにそのまま翌年の夏まで滞在。

１９１９年

２月　石坂少将がシベリア派遣日本軍の特務機関長（諜報・軍事外交担当）としてハルビンに赴任。

６月　ベルサイユ条約調印。

８月　救護隊の西シベリアでの活動拠点、オムスクへの赤軍の軍事攻勢が激化。アレンは安全なウラジオストクに子供たちを避難させることを決意。

９月　救護隊と子供たちは６千キロのシベリア横断の長旅の末、ウラジオストクに到着、安全な施設に収容。

１９２０年

３月　地方パルチザン軍が日本人軍民７００人と白系市民数千人を虐殺した「尼港事件」発生。

４月　日本を除く各国派遣軍がシベリアからの撤兵完了。シベリア派遣日本軍による、過激派軍への武装解除作戦決行。

５月　極東ロシアでも赤軍が急速に勢力を伸張し、シベリア派遣日本軍との間で、大規模な軍事衝突が起きる危険が高まる。それを懸念したアレンは子供たちを船で、米国経由で帰郷させることを決意。多くの船会社に傭船を依頼したが、自

（国境線は1920年当時ではなく現代のもの）

国の米国政府も含めてことごとく断られ、子供たちに再び危機が迫るが、東京のトイスラー博士の尽力で日本船「陽明丸」を確保。

7月9日　「陽明丸」ウラジオストクに到着、13日出港。
7月15日　室蘭到着、16日出港。
8月1日　サンフランシスコ到着、5日出港。
8月20日　パナマ運河通過。
8月28日　ニューヨーク到着、9月11日出港。
9月25日　フランス・ブレスト到着、28日出港。
10月10日　フィンランドのコイビスト港（現在ロシア連邦領プリモルスク）到着。子供たち全員と米国赤十字隊員下船。「陽明丸」帰途につく。子供たちは国境近くの地、ハリラでいったん収容され、数グループに分かれて順次帰郷（最後の子の帰郷は翌年1月）。

1924年　革命指導者レーニンの死去にともない、ペトログラード市は「レニングラード市」に改称。1991年、ソ連邦崩壊にともないレニングラードは再び「サンクトペテルブルク」に戻る。
1933年12月　勝田銀次郎、神戸市長に就任。
1934年1月　茅原船長が手記『赤色革命余話　露西亜小兒團輸送記』を配布。
1941年9月　ソ連に突如侵攻したナチス・ドイツ軍がレニングラードを包囲、2年以上の凄惨な攻防戦が行なわれた。

第一部　幻のカヤハラ船長探索記

（北室南苑）

第一章　サンクトペテルブルクでの出会い

九〇年前に起きた出来事

「あなたのお名前はキタムロさんですよね？」

「ええ、そうですが何か……」

「お名前のキタムロと、室蘭とは何か関係がおありでしょうか？」

「いいえ……」

「ある人を探しているのですが、少し話を聞いてくださいませんか？」

事の発端は、このように唐突な会話であった。


二〇〇九年九月二六日のこと。

サンクトペテルブルク市の歴史文化児童図書館で開催された個展「ロシア絵本と篆刻との融合」で挨拶をする筆者。

場所はロシアの古都、サンクトペテルブルク市の歴史文化児童図書館。この建物は一九世紀から二〇世紀初頭にかけて活躍したロシアの前衛芸術家、ミハイル・ヴルーベリの名品のマントルピースが展示されていることで知られている。

ヴルーベリは装飾美術や舞台芸術、絵画にいたるまで幅広いジャンルで活躍した天才アーティストで、今なおロシア内外で非常に人気がある。

今回の訪露はロシア児童文学の第一人者、田中泰子先生が企画した「ロシア・スタディツアー」への参加によるものだった。ツアーの後半、私は、数年来、温めてきた念願の展覧会企画をようやくこの地で実現できたことで一人興奮していた。

「ロシア絵本と篆刻との融合―或るアバン・ギャルド展」というタイトルの一風変わった個展である。

この日が初日で、主催した図書館は大勢の来賓を招待してオープニング・パーティーを開いてくれた。サンクトペテルブルク在住の文筆家や詩人たち、学者や親日家の人々が旧交を温めているなか、われわれ訪露団員以外に同市の日本文化センター所長など数名の日本人も招待されていた。

なかでも恰幅がよく、存在感が際だっている白髭の紳士は同市の露日友好協会代表で、NHKドラマスペシャル「坂の上の雲」にも出演したとかで、人気を一人占めしていた。開会式の挨拶や拙作の解説もひと通り終わりホッとしたのも束の間、一人のロシア人中年女性が歩み寄ってきて、冒頭の会話が始まったのだ。

その時点で私はようやく思い出した。

この個展の開会式の少し前のこと。オープンセレモニー開始直前の最終チェックで慌ただしい時に、名刺を差し出し、突然話しかけてきたのがこの女性だった。彼女の言葉はロシア語ではなく、きちんとした英語だったので、私にもおおよその意味がわかった。

彼女が切り出した言葉。

「九〇年ほど前に起きた事件のことで、ある船の船長の子孫をずっと探しているのです。帰国

個展のオープニング当日、オルガ・モルキナさんから突然、声をかけられ、カヤハラ船長の遺族探しを依頼された。

された後で結構ですから、そのことをぜひ調べていただけないでしょうか？」

だが、その時、私の頭の中はそれどころでなく、いかにして個展のセレモニーを無事終えるか、その一点に集中していた。

ゆえに、「そんな古い話の調査は難しすぎて、私にはとても無理です」

と、心はうわの空で、依頼を即座に断わったのだが、そのことをすっかり失念していたのだ。

取りとめのない会話を思い出しながら、どう返答したらよいものか戸惑った。

私の表情から察したものか、彼女は日本語が堪能なもう一人の中年女性を伴い、資料らしきファイルを持参して、再度、頼みにやってきた。

もう一人の方は、どことなく威厳のある女性であった。

「あなたの名字は北室ですよね。この史料に出てくる船は日本の室蘭に寄港しています。私は室蘭と北室とは何か関連があると思います」

そう言いながら彼女はファイルの中の真っ白な夏用制服をまとった、凛々しい姿の船長らしき男性の写真を指し示した。

「北室と室蘭はまったく関連ありませんよ」

私は慌ててそう答えたのだが、彼女はこの返事には耳を貸さず話を続けた。

「再度、あなたに調査を依頼したいので、引き受けてもらえないでしょうか。これまでロシアを訪れた幾人もの日本人に、同じように依頼をしてきたのです。でも、誰もこの困難な調査を引き受けてくれる人はいませんでした。それでぜひとも、あなたにお願いしたいのです」と詰め寄った。

二人のロシア女性の熱いまなざしは私の顔にじっと注がれたまま、一向にそれることがない。

「申し訳ありませんが、事情がまだよく呑み込めません。とにかく今は即答できないので、とりあえず、この資料だけはお預かりしましょう」

ついに根負けして、思わず口走ってしまったのだが、パーティーはもう終わりに差しかかっていた。

ロシアの旅の本当の意味

オープンセレモニーは盛会のうちに無事終了した。ホテルに戻る車中、個展がどうにか軌道に乗った安堵感もあってか、先ほどのロシア女性たちとのまことに非現実的な会話が気になりだした。ホテルまでの道すがら、心の中でそれをずっと反芻していた。その時、奇妙なことに何やら得体のしれない予感のようなものが、じわっと心の芯に忍び寄ってくるのに気づいた。

もしかして、ロシアでの初個展の旅の本当の意味は、この女性たちとの出会いにあったのだろうか——私は受け取った名刺を取り出し、あらためてよく見てみる。

「オルガ・モルキナ」

ホテルの部屋に戻り、訪露団の同行の友人に、オルガという女性との出会い、そして奇妙な依頼のことを説明した。資料も友人とじっくりと見た。その時に初めて気づいたこと。英文三枚の資料はオルガさんから私への依頼メッセージとして書かれた体裁のものであった。

〈ということは、彼女は会場に来る前にこれをすでに用意していて、私に直訴するつもりだったわけか……〉

資料には、一九二〇年頃のロシア内戦時、戦火を逃れ救い出された子供難民約八〇〇人が日本船「ヨウメイマル」に乗せられて、ウラジオストクから出港、最初の寄港地は室蘭とある。

〈なるほど、それで「キタムロ」と「ムロラン」をつなげてみたわけか……〉

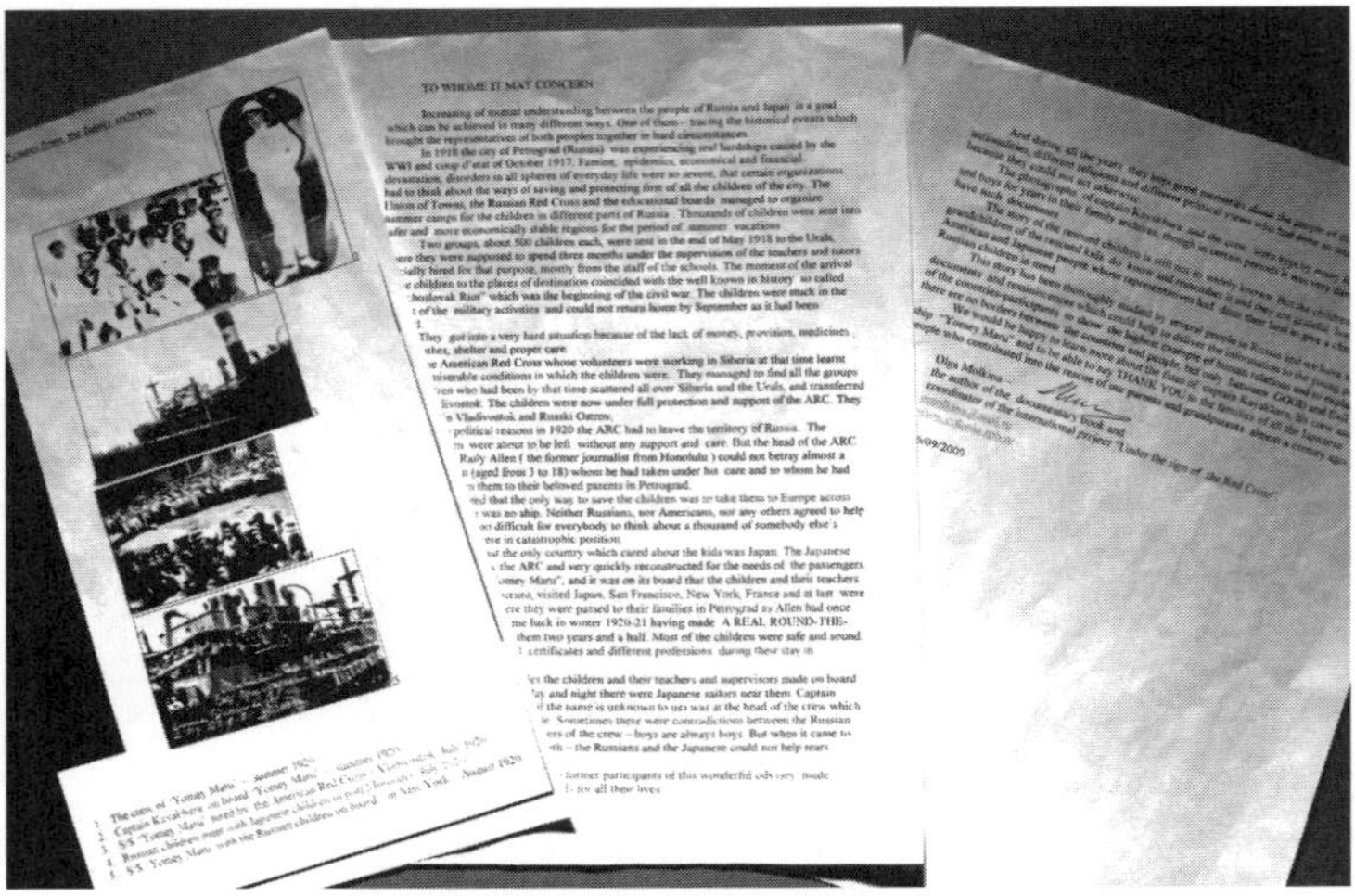

オルガから託された英文の資料。

的外れではあったが、漢字がわかるはずもないロシア人にしては、なかなか鋭い直感ではないかと、妙に感心した。「ヨウメイマル」という字面から、よくありそうな日本式の船の名づけ方をあてはめてみた。おそらく、「陽明丸」ではないだろうか。九〇年前は大正時代であり、この時期は神戸、横浜などで海運業が盛んだったことくらいは、どこかで読んだことがある。「それじゃ、そのあたりの大きな船会社の社史を調べれば、意外とすぐわかるかもしれないね」と友人とお気楽な結論を下したのだが、心中すぐに、それほど甘くはないだろうとも感じ始めていた。

　日本へ帰国の機内でも、このことが妙に頭から離れず、初個展の成功に酔っているばかりの気分ではなかった。

藁の中の針を探すようなもの

帰国後、たまっていた雑事を片付け、せわしなかった身辺もようやく落ち着いてきた。意を決してオルガから託された、英文資料を取り出して精読してみた。

それによると——。

一九一八年ロシア革命に伴う内戦のさなか、首都ペテログラード（現サンクトペテルブルク）から避難した子供難民約八〇〇人を乗せ、日米関係者の連携で太平洋と大西洋の二大洋を船で横断した。

約三カ月間の大航海の末、両親のもとに無事に帰還させたのが日本船「Yomey Maru」であること。そして、船長の名はただ「Kayahara」とだけしかわかっていないことが書かれていた。

また、これらの子供たちにとっては、「Yomey Maru」での大航海が、終世忘れられない幸せな思い出となったこと。その思い出は彼らの心に深く刻まれ、それぞれの子孫に体験談が伝えられていることもわかった。

何とか、カヤハラ船長の遺族を見つけ、子供難民の子孫を代表してお礼を述べたい、というのがオルガの長年の願いであると訴えていた。

彼女の思いつめたような表情と真剣な眼差しを思い出した。その隣で熱心に日本語通訳をしていた女性（バレンチナさん）の目も同様であった。

そういえば、その時の子供難民八〇〇人のうち、無事成人した一組の男女がのちに結婚し、自分がその孫にあたるのだとオルガが話していたことも思い出した。

しかし、手がかりがこれだけでは、あまりにも少なすぎる……。

これらの事実関係が一度にどっと私の頭の中を走り出し、漠然とした責任感で思わず顔が蒼ざめてしまった。

「これではまったく藁（わら）の中の針を探すようなものじゃないの……」

先行きの困難さが予想できた。

「これはどえらいことを引き受けてしまった……」

これほど難儀な課題を簡単に引き受けてしまった我が身の軽率さを後悔した。

だが、一方で不思議なことに、もう一人の私にはまったく別の思いが芽生えてきていた。

「いったい何年かかるか想像もつかないけど、こうなったらこの課題に徹底的に取り組むしかない。覚悟を決めて、全身でぶちあたってみよう」

体の奥から妙なファイティング・スピリットが湧きあがってきたのを感じた。

第二章　探索開始

「陽明丸」と勝田銀次郎

ロシアから帰国後の翌月、一〇月に入った。

そろそろ、課題の第一歩を踏み出さなければならない。私は陽明学の信奉者ではないが、こういう時こそ、まずは「行動ありき」という信念が必要であろう。

パソコンでのインターネット検索作業から、さっそく始めてみた。

仕事柄、このようなデジタルな仕事は不慣れであったが、幸い友人にパソコンで仕事をしている、ちょっと風変りな人物、I君がいたので、手伝ってもらうことにした。

考えられる限りのさまざまな関連キーワードを打ち込んでみた。

いろいろ試行錯誤しているうちに、「ヨウメイマル」は「陽明丸」にほぼ間違いないであろうと推定することができた。

そして、「陽明丸」ならば大正時代に運航されていた外国航路の大型船で、船を所有していた「太洋汽船」という会社が見つかった。

大正時代の船舶業界はめまぐるしく浮沈していた時期であったらしく、この「太洋汽船株式会社」も、資本の離合集散の果てに、現在の「太洋日本汽船株式会社」（神戸市）に系統的につながっているということが判明した。

そこで、何らかの手がかりが得られないものかと、同社に思い切って電話をしてみた。照会の趣旨を伝えると、常務のN氏に回された。

N氏は多忙にもかかわらず、当方の雲をつかむような話に誠実に耳をかたむけてくださった。

そして、「それほど昔のことは、残念ながら社内に記録はないようです。ですが、もし手がかりが得られる可能性があるとすれば、当社の社史ということが考えられます。関係がありそうなページをコピーしてお送りしましょう」と丁寧に応対してくださった。

調査活動として外部への働きかけの第一歩であった。思いがけず親切な対応をいただき、とても感激したことを覚えている。ビジネス上は一文の得にならないのに、このようなご厚意は本当に嬉しく思った。

まずまず「順風満帆」の出だしであったことが、のちのちまでの私の推進力の精神的な支えとなったのである。

やがて、N常務から待ちに待った資料コピーが郵送されてきた。

そこには、大正期にまで遡る同社関連の海運事業の概要が詳しく書かれていた。なかでも興味深かったのは、大正時代の海運業界が第一次世界大戦（一九一四〜一九一八年）による特需で隆盛（りゅうせい）を極めたこと。そして、大戦終結の頃からだんだん衰亡（すいぼう）していった歴史が述べられていたことだ。

陽明丸を取り巻く、当時の時代背景がだんだん見えてきた。とにかく、この時期は戦争で急上昇した船舶需要でわが国の海運業界は、空前の景気に沸いていたらしい。一時的にせよ、「船成金」と呼ばれる新興の富商（ふしょう）が生まれたようだ。

「陽明丸」については、詳細な情報は残ってはいなかったものの、これらの記載の中でとくに目を引く箇所があった。

陽明丸を所有していた会社の経営者であったらしい、「勝田銀次郎（かつたぎんじろう）」という人の名前である。少し前にインターネットの個人ブログの中で興味深い一節を見つけていたからだ。そこにはおおよそ次のように書かれていた。

「勝田銀次郎に、人を介してある依頼がもたらされた。革命後のウラジオストクに革命を逃れた婦女子がアメリカ赤十字社の保護の下で滞在していた。しかし、避難生活も三年となり、彼女らをフィンランドへ送還しよう、ということになった。

物の運送は手間がかからないが、人は面倒である。

アメリカ赤十字社は日本の海運業界に、婦女子の送還業務を打診してきたのだ。銀次郎は、持ち船『陽明丸』に、客室装備、その他、人員輸送に必要な艤装を施すとウラジオストクに差し向けた。三カ月がかりでパナマ運河経由で九〇〇人をフィンランドのヘルシングホルス港へ送り届けた」

この記述によって、あの大がかりな航海を敢行した船がなぜ日本船であったのか、なぜ陽明丸であったのか、その理由と背景がおぼろげに見えてきた。

〈なるほど、この大航海には陽明丸船主の勝田銀次郎氏の意向と決断が大きく関わっていたわけか……〉

インターネットでさらに検索すると、この勝田銀次郎の評伝がかなり以前であるが、出版されていることもわかった。

〈この本を入手して、この大航海のいきさつなど詳しく書かれていないか、調べる必要がある〉

情報によれば、「著者松田重夫、青山学院資料センター編纂」とある。

〈そうか、この青山学院資料センターに聞けば、所蔵図書としてあるだろうし、あの事件のことが書かれているか教えてくれるかもしれない〉

恐る恐る電話をかけてみた。

落ち着いた話ぶりの感じのよい女性が応対してくれた。

対応してくれたDさんに、勝田銀次郎氏のことだけではなく、さらに陽明丸や「カヤハラ」船長に関する資料が所蔵されていないか思い切って尋ねてみた。

「なるほど、ご照会の趣旨はよく理解できました。たしかにその評伝は当センターが編纂し、青山学院で発行したものです」

「ただ残念ながら、勝田氏の伝記ではありますが、ロシア子供難民の救出のために陽明丸を米国赤十字の求めに応じて配船したことの記述はほんの数行程度しか書かれていません」

問題の記述の部分を聞いてみると、先のブログの記述とほぼ一致する。なるほど、あのブログの方はこの本をもとに書かれたわけか。

「陽明丸やカヤハラ船長という方の情報については、私の知っている限り、当資料センターにはそれらしき資料はないと思います。でも、念のために勝田銀次郎関連の資料を探って見ましょう。何か出てきましたら、ご連絡を差し上げますね」

『評伝勝田銀次郎』

古書店を通じて入手した『評伝勝田銀次郎』が届いたのは、その数日後だった。

Ｂ6判の上製本で一二四頁、ほかに口絵が八頁付いている。「功成り名を遂げた人物」の評伝にありがちな分厚い本を予想していたので、意外であった。

神戸市長時代の勝田銀次郎（『評伝勝田銀次郎』より）

先のＤさんとの電話により、陽明丸の記述はごくわずかであることはわかっていた。

だが、それでも「何か手がかりを見つけられるかもしれない」という淡い期待を持って読み始めた。

まず巻頭に掲げられたこの人物の肖像写真が目に飛び込んできた。

「神戸市長時代の勝田銀次郎」とある。

事前の知識から、一代で巨万の富を得た、いわゆる「船舶成金」のイメージを描いていたのだが、写真の人物はそういうギラギラしたものからほど遠い印象だった。柔和で品格があり、しかも凛（りん）として威厳を備えた風貌。成金というよりは、立派な「校長先生」というイメージに近い。実に意外な第一印象だった。

ほかの数葉の写真を見ても同じ印象で、「これは実像であり、写真師が人工的に作り上げたイメージではないだろう」と確信した。

彼の会社であった「勝田汽船株式会社」の社屋写真もあった。「現在の（神戸市）生田区浪速町、日本興業銀行の場所にあった」とある。

書の作品の写真もある。書を見るのが仕事である私から見ても、なかなか流麗で闊達、深い教養が滲み出ている。しかし何の衒（てら）いもなく、立身出世を遂げた人物の書にありがちな過剰な気負いもまったくない。天性のままに、すべての事象を自然体で受け止めてきた人物の清々しい人生が要約されていると思った。

おそらくこれは彼の内面の資質そのものから発せられたものに違いない。書というものは、それを書く人の内面性を暴露するものだから。（一九三ページ参照）

勝田銀次郎氏については、この大航海に必要不可欠な役割を果たした人物ということがわかった。そして、その人間性についても魅かれるものがあり、いつかその実像を掘り下げてみようと思った。

「カヤハラ船長」の幻を見た

陽明丸を所有した船会社もわかり、次に「カヤハラ船長」について調べを進めた。

その名字、「かや」と「はら」だが、まず「はら」は「原」以外に考えられず、これに間違いないだろう。

問題は「かや」で、訓読できる漢字は「茅」「萱」「榧」「茆」など、いろいろある。

参謀のI君に手伝ってもらい、それらの漢字に海運関係のキーワードをかけ合わせて検索してみた。でも、それらしき情報が全然引っかかってこない。続けて「萱原」「榧原」に換えても同様で、埒（らち）が明かない。しまいには苦しまぎれに「蚊帳原」まで打ちこんでみたが駄目で、お手上げ状態。

「そうか、まだ『柏』の異体字としての『栢』が残っている」ということに気づいた。

「栢原」と関連キーワードを入力してみると、ある海運会社のホームページにたどり着いたのだ。

代表取締役社長は栢原さんという方で、その兄上もかつて運輸省の要職に就いておられたこともわかった。しかも、お二人とも海運船舶関係団体の要職もいろいろ兼ねておられるようである。「栢原」姓で、しかも兄弟揃って「船」につながる仕事というのは、おそらく代々海運船舶関係に従事されてきた家柄に違いない。

外国航路船長という船舶のスペシャリストである人物が、そういう家柄であったことは十分に考えられ、退職後にそういう会社を起こしたことも大いにありえる。

また、何よりもホームページに出ている栢原社長のお顔を見ると、オルガの資料にある船長の、意志が強そうで凛々しい顔と生き写しのように思われてきた。

「カヤハラ船長のお血筋の方に違いないかも！」思わず二人で顔を見合わせ、大いに期待したのだった。

「もうこれ以上、条件が揃った情報はありえない！」私の胸は高鳴った。

さて、この方たちに九〇年前にロシア子供難民を輸送したカヤハラ船長の末裔であるか、と尋ねるにはどうしたらよいかと頭を悩ませた。

照会の内容が荒唐無稽なので、よくよく考えてアプローチしないと失敗するだろう。

お二人ともかなり社会的地位の高い方。突然見ず知らずの人間が電話をかけても、秘書課あたりで取り次ぎを拒否されそうである。

いろいろ迷ったが、やはり手紙を送るのがいちばんよいとの結論に達した。ホームページで会社の住所がわかったので、とりあえず栢原社長に「直訴」してみることにした。

文章を何度も推敲し、便箋は手漉き和紙を用い、オルガから預かった英文資料のコピーも同封した。特別重要な手紙であることを強調して宛名を毛筆墨書きし、大型の美しい記念切手を貼り、さらに朱筆で「親展」の文字を加えた。速達書留扱いで、祈るような思いで投函した。二〇〇九年一一月二八日のことである。

それから六日後の一二月四日、携帯電話が鳴った。見知らぬ電話番号だったので警戒気味に応答した。

聞えてきたのは、メリハリのある熟年男性の声だ。

「栢原です。手紙を読ませていただきました。ですが、私はお尋ねのカヤハラ船長の子孫ではありません」意表を突かれ、思わず息を飲み込んだ。

彼のような地位であれば、見知らぬ者からのとりとめもない私信など秘書か誰かに任せるであろう、と思い込んでいたからだ。

人違いだったという失望感と、当方を信じてくださったご厚意への嬉しさ。これらが錯綜して、しどろもどろの挨拶の言葉を発するのが精いっぱいだった。

栢原社長は、矢継ぎ早に言葉を続けた。

「しかしながら、あなたの真心は十分に理解しました。海運業界の月刊誌に『ＫＡＩＵＮ』というのがあるのだが、その出版社とは懇意にしている。ここに話を通しておくから、記事にしてもらって探すという方法はどうだろう？　電話番号は△△△、担当は〇〇さん、ぜひやってごらんなさい！」

人違いの無念さを感じる暇もなく、あわててメモを取った。

威厳があり、たとえば強風の海上でもよく通るようなメリハリのある声。伝達事項は手短に簡潔に、要点を押さえてという修練が身についているのだろう。

「ああ、これが海の男なのだ！」と思った。

帆に当たる力強い潮風の響きがあった。

私たちが追う「カヤハラ船長」の幻を一瞬見たような、不思議な感慨に襲われた。

そして、この栢原氏の思いがけないご厚意が鎖の輪の一つとなって、二年の歳月をへて船長の特定につながってゆくのである。

もう一つの子供難民救済

年が明けて二〇一〇年。

それにしても、思い込みが昂じて失敗した「栢原」姓での探索であったので、その反動で私の気持ちは年が越えても鬱々（うつうつ）としたままだった。

そのせいか栢原社長のせっかくのご厚意にもかかわらず、『ＫＡＩＵＮ』編集部に連絡することを、今一つ躊躇（ちゅうちょ）していた。

そのうちに本来の専門である日中文化交流事業が年明けから急浮上し、目まぐるしく日々が過ぎた。その忙しさにかまけて、「幻のカヤハラ船長」調査活動は一時的に頭の片隅に追いやられてしまったのである。

さて、文化庁の支援を受けた日中文化交流イベントを無事終え、中国からの招待客も見送ってホッとしていた矢先の三月下旬、福井県敦賀(つるが)から電話が届いた。

電話の主は「人道の港 敦賀ムゼウム」館長のFさんという方。

F館長が言われるには、

「知人の海運会社社長(敦賀市)に栢原社長から『人探し』の依頼の手紙が来た。だが、この社長から『これはポーランド子供難民救済の話の間違いではないか』との問い合わせを受けた。それで、社長から預かった資料(これは筆者が栢原社長に送ったものの写しであったが)をもとに独自に調べてみた」とのこと。

このポーランド子供難民救済の概要は、

一九一九年、第一次世界大戦終戦を契機にポーランドがロシアから独立を宣言した頃、ロシアは革命に伴う赤軍(革命軍)、白軍(反革命軍)の内戦が激化していた。

シベリア極東地域には帝政ロシアから弾圧され、抑留されていた政治犯や難民家族など一〇万人以上のポーランド人が困難な生活を余儀なくされていた。

なかでも親の保護を受けられなくなった孤児が多数いたので、せめて彼らだけでも無事に母国に送り届けたいという人々の願いで救済委員会が作られたのだが、翌一九二〇年春には母国と革命ロシアは交戦状態に陥り、希望は途絶えかけた。

委員会は欧米各国に援助を求めたのだが、ことごとく拒否される。この惨状を見るに見かねた日本政府が日本赤十字に命じて救済に乗り出し、彼ら数百人の子供難民を乗せた帰還船が最初に寄港したのが敦賀港であった。「人道の港 敦賀ムゼウム」はその記念館であるとの由。

なるほど、件（くだん）のロシア子供難民救済の話と、時期も内容もたしかに似ている。これでは間違われても仕方がない。このF館長の知らせに私の胸はときめいた。

栢原社長とは以来音信はなかったが、敦賀の知り合いに問い合わせの手紙まで送ってくださっていたのだ。

しかも、私が人違いの失望感で落ち込んでいる時に……。まことにありがたく、思わず胸に熱いものが込みあげた。

「日本船ヨウメイ丸の乗客たち」

三月二八日、まるで冬に逆戻りしたかのような霰（あられ）の降りしきる日。敦賀駅に降り立った私は市内の喫茶店でF館長にお目にかかった。気さくで親切ながら、探究心の強い方とお見受けした。

「日本船 ヨウメイ丸の乗客たち—世界を一周した革命ロシアの子供たち」
（『今日のソ連邦』1989年3月）

当方からの挨拶とお礼を聞くのもそこそこに、F館長は自ら収集された史料を数枚示しながら、「仕事柄、この種の調査の要領はだいたい心得ているつもりですよ。だから、正直なところ、この探索についてはすこぶる困難と言はざるを得ません。残る手段は新聞に記事を載せてもらって探すしか手立てがないでしょう」と結論づけられた。

そして、すでに知人の『室蘭民報』の記者と連絡を取れるようにしてあるので、私の心が決まり次第、いつでも連絡してほしいとの親切な申し入れをいただいた。

館長の収集史料は、北海道の「室蘭市民俗資料館」元館長との情報交換の折りに得られたものであるらしかった。その中の「日本船ヨウメイ丸の乗客たち」という雑誌記事が目に入った。裏表紙のコピーから『今日のソ連邦』（一九八九年三月号）であることを知った。その記事の中のロシア子供難民やカヤハラ船長や乗組員、そして船内のスナップ写真数枚に私の目は釘付けとなった。

しかし、なぜか私は室蘭民報に記事を載せていただくことに、心を決めかねず、そのまま敦賀を後にしてしまったのだ。

四月に入り、時間と心の余裕が生まれたので、さらなる調査のため、意を決して上京することにした。

一九日、栢原社長にお目にかかり直接お礼を申し上げようと、会社を訪ねた。だが、残念なことに海外出張中でお会いすることはかなわなかった。

その足で『ＫＡＩＵＮ』の発行元である社団法人日本海運集会所を訪ねた。

栢原社長に紹介されてから四カ月が過ぎていたのだが、編集者の方は必ず記事にすることを約束してくれた。

翌日は青山学院資料センターを訪れた。同学院は「陽明丸」の船主であった勝田銀次郎の母校。『評伝勝田銀次郎』はこのセンターが昭和五五年に発行したものだ。

当方の緊張をほぐすかのように、担当のＤさんは初対面にもかかわらず優しく接してくださった。

「勝田銀次郎さんのご遺族と今もつながりを保たれているとのことで、できればお目にかかりたいのですが……」

唐突にこちらの希望を述べたところ、すぐに連絡してくれた。そして承諾が得られたことを告げられた時は、「調査活動はこれで一歩前進した」という実感がやっと湧いたのである。

さらにDさんは『今日のソ連邦』の発行当時の出版元もすぐ探し当ててくれた。

この出版元はソ連崩壊後に解散したようで、問い合わせをしようにも不可能だったが、Dさんに調べていただいた当時の担当者に電話してみた。

後日、現物の入手は無理だったが、先のものより鮮明なコピーが郵送されてきた。

青山学院を後にして、日本海運集会所で教えていただいた情報をもとに、海事図書館、そして社団法人日本船長協会と続けて訪ねてみた。

だが、双方とも大正時代まで遡る資料はいっさい残されていない、とのことだった

同じく、財団法人船員保険会に何か手がかりでもと訪ねたが、ここも同様に空振りだった。

でも、これはよくよく考えてみれば当然のことだろう。戦災をまぬがれた私たちの金沢と違い、都市部はことごとく空襲に遭い、多くの歴史的資料が焼失したに違いないのだから。

やみくもに体当たりをしてきたが、門外漢の私にこれ以上何ができるだろうかと自問自答しつつ金沢に戻った。

オルガへの電話

東京から戻って数日後、「敦賀ムゼウム」のF館長より再びご連絡をいただいた。『室蘭民報』が記事を載せたいというので、私の承諾が要るという。

ただ、正直に言って私の気持ちはまだ整理がつけられないでいた。たしかに貨物船「陽明丸」は客船に改装されてウラジオストクに向かい、ロシアの子供たちを乗船させて最初の寄港地は室蘭だった。だが、これは船長が必ずしも室蘭出身ということを意味するものではない、と思った。

ゆえに、はたして船長の子孫が室蘭にいる可能性に期待できるだろうか、と。まして、九〇年も前の話である。カヤハラ船長と接した人が生存しているとは考えにくいし、仮に先祖が「陽明丸」の乗客と接したり、写真が残されていたとしても、新聞の読者がわざわざ押入れの中を引っかき回して埃だらけの資料を取り出して連絡してくれるだろうか？

もし万が一、連絡してくれても、それがはたして船長の子孫探しにつながるものだろうか……。考えれば考えるほど後ろ向きになる自分があった。

だが、思いきって室蘭民報の厚意に乗ることにした。藁をつかむような話でも、座して何もしないよりずっと前進ではないか！

何より栢原社長やF館長、それから室蘭民報の方々の無償の善意がありがたく、私もいくぶん気力を取り戻していた。

四月二三日、室蘭民報記者のNさんから電話取材が入った。聞かれるままに、サンクトペテルブルクでのオルガとの出会いから話しているうちに、いつの間にかあの時の不思議な使命感と情熱が戻っているのを感じた。

その頃、I君を通訳に頼んで、サンクトペテルブルクのオルガに電話をかけてみた。探索活動の途中経過報告である。

「できるだけの手は打ってきたつもり。でも、幻のカヤハラ船長はまだ見つかっていないのよ、残念だけど。ただ、いろいろ調べているうちに、陽明丸の船主だった勝田銀次郎という人がとても立派な人物であることがわかったの。博愛の心が人一倍篤かった人で、この人だから、誰も応じなかった米国赤十字の頼みを引き受けたようなの。だから、勝田銀次郎がいなかったら、あの航海自体もはじめからなかったかもしれないのよ」

オルガは私たちの懸命な探索活動には深い感謝を表してくれたものの、勝田銀次郎に関する情報への反応はいまいちだった。

でも、これは無理からぬことかもしれない。

オルガの祖父母が混じっていたロシア子供難民だったが、船主の勝田とは一度も顔を合わせていなかっただろうし、きっと存在さえも知らされていなかったことだろう。

また、あの大航海の間、彼らと船内で接していたのは、日本人では船長以下の乗組員だけだった。

つまり、船長と乗組員だけが、あの大航海で苦楽をともにした仲間であり、子供たちを母国に届けてくれた恩人だったのだ。

陽明丸が配船された時の複雑な背景については、詳細を知らない彼女に理解をしてもらうのは容易ではなかった。

もどかしさが残ったまま会話を終えたが、これについては、「彼女にいつの日かわかってもらえる時も来るだろう」という確信も湧いてきた。

これに関連して、次に少し補足したい。

船長らの名誉を取り戻す

調査を進め、I君が収集した米国赤十字など海外の文献情報をあたっていくうちに、私たちはあることに気づき始めた。

それは、米国赤十字側、現在のロシア子供難民の子孫側、そして私たち日本の調査関係者側の三者の間で、この大航海に関わった関係者への評価には、明らかな差異があることだ。

つまり、ウラル山中で子供たちを見つけ出して保護し、苦労の末にウラジオストクに運び、陽明丸でさらにヨーロッパ経由で親元まで連れていった米国赤十字の功績は、誰が評価してもダントツに一番である。

問題はそれ以外のことだ。

つまり、陽明丸を提供し、実際に大航海を担った日本側の評価である。

米国側の見解では、「陽明丸はあくまでも傭船契約に基づき米国赤十字が貸し切った船。米国人たちの細かな指示によって運行させただけのことであるから、船長以下乗組員の貢献はそれほどのものではない。むしろプロであれば運航を無事にやり遂げて当たり前」という捉え方のようだ。

さらには、「陽明丸はあまりパッとしない改造貨物船だった。しかも乗組員は子供たちと摩擦を起こしたりしていた。米国スタッフの適切な監督指揮がなかったら、無事に目的地までたどり着けたかもわからない。船長以下の乗組員は何を考えているかさっぱりわからない日本人たちだった」というような酷評がなされている。

一方、オルガたちロシア子供難民の子孫の捉え方はどうだろうか?

「あの船での大航海が、子供たちにとっては間違いなく人生でいちばん幸福で、輝いていた時だった。だから、陽明丸は自分たちの帰郷と幸せのために、『お伽の国』からやって来てくれた船だった。乗組員たちとは、最初のうちは言葉の壁でいろいろ摩擦も起きたけど、別れ際で双方とも悲しくて泣いてしまったほど親しくなっていた」「米国人たちと同じく、陽明丸の人々も大恩人に変わりない。子供たちと貴重な思い出を共有した大切な仲間なのだ」という捉え方である。

米国とロシア双方の見解の大きな相違は何だろう?

私たちにしてみれば、オルガたちのこの切なる思いに心を打たれて動いてきたのだ。

その一方で米国側のあまりにも偏った低い評価には、日本人として反発せざるを得ない。

こうなったら、「事は、幻のカヤハラ船長を見つけ出すことだけでない。何としても米国から不当な評価を受けた彼らになり代わって、その隠れた功績を歴史の闇から引っ張り出さなくては……。彼らの名誉を取り戻すことも、私たちの使命である」と固く心に決めた。

神戸の勝田家を訪ねる

二〇一〇年四月二九日、春のうららかな陽気につられ、気分もリフレッシュした私は神戸市立中央図書館に出向いた。

ここで丸一日かけて勝田銀次郎に関する資料をあれこれ探し求め、得られたコピーはゆうに一〇〇枚を超えた。

そして、神戸市内にある勝田家の門をくぐったのは、その翌日。青山学院資料センターのD

さんを通じて訪問の許しをいただいていた。

座敷に通され、上品な御婦人に、まず自己紹介し、事のいきさつを聞いていただいた。

評伝によれば、勝田銀次郎夫妻には子供はいなかったという。それで、娘同然に可愛がっていた姪に次男が生まれた時に、「鐐二（りょうじ）」と名付けて勝田家の嗣子（しし）としたらしい。

私が同家を訪れた時は、残念ながら鐐二氏はすでに他界され、妻の勝田陽子さんが御家を守っておられた。

勝田銀次郎が世を去ったのはかなり以前であり、陽子さんは世代が離れていたため、銀次郎に関して多くは聞けなかった。

それでも、豪胆でありながら、侠気（きょうき）に富み、とくに社会的弱者に対して非常に優しかったという銀次郎の人柄については、実際にその通りであったことをご家族の口から聞いて確認することができた。

ただ、同家では勝田汽船と陽明丸、さらにはカヤハラ船長に結びつく資料は、残念ながら得られなかった。

〈せめて、鐐二氏がご健在の数年前に訪れることができたなら……〉

複雑な思いで勝田邸を後に帰路に着いた。

「船長の子孫にお礼をしたい――ロシア人女性『情報教えて』」という十段抜きの大きな記事が

『室蘭民報』(二〇一〇年五月二〇日)に載った。

　通常、こういう「人探し」の記事に読者から何らかの通報があるとすれば、発刊日を含めて三、四日が限度だと何かで聞いたことがあった。それを過ぎると、可能性は限りなく低くなるらしい。

　数日間、期待半分、不安半分でじっと待ったが、やはり無理なようだった。でも諦めるには早すぎる、と自分に言い聞かせた。

〈この困難な調査に着手してから、まだ一年しかたってないじゃないの。一億二千万人の中から一人を見つけるんだから、数年かかって当たり前なのよ。オルガだって、人生の多くの時間をこのために費やしているのだから……〉

　でも、もう一方の自分は、

〈いやいや、彼女は自分の身内のことだから、それほど熱心にやれるのよね。私にとっては、しょせんは他人事なんだから。ましてロシア語もわからないから、彼女が書いた本を読むこともできないし。一億二千万人の中から一人を見つけるなんて、どう逆立ちしても無理……〉

　思いは揺れに揺れていた。きっとフラストレーションのあまり、心が悲鳴をあげていたにちがいない。

　そんな時、生前、母からいつも聞かされた言葉をふと思い出した。

「人さまにできることで、あんたにできないことはないんだよ。なんとしても諦めたら負け！絶対やり遂げるんだよ！」

「船長探し」の記事掲載

ついに栢原社長のお口添えにより、社団法人日本海運集会所が発行している月刊誌『KAIUN』（二〇一〇年七月号）に「『ヨウメイ丸』カヤハラ船長とロシアの子供たち」と題する記事を掲載していただいた。

同誌を発行している日本海運集会所は由緒ある海事関係の準公的な組織らしかった。創立は第一次世界大戦後の一九二一（大正一〇）年というから、奇しくも陽明丸が世界航海した翌年ということになる。

一九三三（昭和八）年に社団法人として再スタートし、「いずれの業界にも偏しない中立の公益法人」として今日に至っている。歴史ある業界団体の機関誌だから、全国の海運関係の指導的な人たちも手にするのだろう。また業界関係者だけでなくその家族、あるいは海事に関するマニアの人たちも読むかもしれない。

「何らかの手がかり情報が得られるかもしれない！」と、当初の悲観論はどこ吹く風、私の期待はふくらんでいた。

立派な記事にしていただいたお礼の電話を栢原社長にかけると、いつもの潮風のような快活な声で、

「記事が出た途端に、カヤハラの名前のせいで、てっきり私のことだと早とちりした連絡がいくつもあったよ。兄のところも同じらしいね。反応は悪くないから、しばらく待ってみなさい。そのうちよい知らせがあるかもしれない」

結果としては、『室蘭民報』の時と同じく、手がかりになる情報はすぐには得られなかったものの、この二つの新聞雑誌の記事は、私たちの「(探索の) 努力の証し」としてロシアのオルガにすぐ送った。それらはオルガの主宰する「『ウラルの子供たち』子孫の会」のホームページに大きく掲載され、「日本の善意」として紹介された。

オルガと私たちは、調査の進展具合だけでなく、関連情報についても意見交換するようになり、互いの絆は深まっていった。そして、この揺るぎない信頼関係が、遠からぬ先の「船長発見」に結びつく、重要な素地になったのだ。

不思議なもので、新聞雑誌に「船長探し」の記事が載ってから、私の心もしだいに落ち着きを取り戻した。

〈これまで、やみくもに突き進んで来ただけかもしれないが、やれるだけのことはやってきた。これからは自然体で無理をせず、根気強く気長に調査を続けよう〉

心の平穏が戻ってきたのはよいが、身辺がさらに忙しくなってきた。加賀市にある「魯山人寓居跡いろは草庵」の館長に就任するなど、雑事の多忙にかまけて「船長探し」はしばらく棚上げされたままの日々が続いた。

それでも、まとまった時間が取れた時は、東京の国会図書館や神戸市の図書館に出かけて、一日中、大正時代の海事関係の資料を漁った。さらに陽明丸の大航海のあった一九二〇年前後の新聞記事で、関連ありそうなものはないか目を通した。

またある時は勝田銀次郎がその最盛期に建てた「旧勝田邸」（神戸市灘区）を見学しようと思い立ち、ロシアに一緒に行った友人を誘って訪ねたこともあった。

その日はまだ暑い季節で、二人で大汗をかきながら神戸の長い坂道を登った。そこは今は人手にわたっているが、銀次郎が当代一流の建築家に依頼して建てたものだ。大正期の名建築として、研究家の間では広く知られているらしい。

広壮ではあるが、威圧的ではない。たいへんシックな数寄屋造りの邸宅で、静かな気品に包まれていた。むしろ俗を超えた洒脱さが感じられて、いかにも勝田銀次郎の趣味だと思った。

オルガの「まごころ」

二〇一一年六月四日、深夜に突然、家の電話が鳴った。いったい何ごとかと恐る恐る受話器を取った。

相手は、モスクワ駐在の産経新聞の記者からであった。

「サンクトペテルブルクのオルガ・モルキナさんから、九〇年前の日本船ヨウメイマルの船長だったカヤハラという人の子孫を探していることを聞きました。オルガさんからは、その時に救けられたロシア子供難民の子孫として、その人たちにお礼を述べたいので、それをぜひ記事にしてほしいと頼まれました」と、いきなり用件を切り出され、急に眠気が覚めた。

「それで、当紙としては記事に書こうと思います。でも、オルガさんが言うには『金沢の北室さんに以前からこのことを頼んであり、以来、この人はずっと一生懸命に探してくれている。個人的には何も得ることもないだろうに、とても誠実に努力してくれている。だから、自分としては感謝してもしきれない気持ちなのです。記事にしてもらえるなら、彼女のこともぜひ書いてほしいのです』とのことでした」

それを聞いて、私は思わず目頭が熱くなった。民族や人種、国家に関係なく、人と人とのつながりでいちばん強いのは「個」なのだ。それを可能にするのは、互いの「まごころ」なのだろう。オルガの話では、日本総領事が、この取材での彼女の後押しをしてくれたらしい。

「そのメッセージをお伝えしたかったことと、そういうことなので、北室さんの名前を記事に出しても構いませんか?」と、彼は続けた。

オルガとは、あの時以来会ってなく、それ以降の連絡はメールや郵便、電話だけであったが、まごころだけはちゃんと伝わっていたのだ。

産経新聞の記者の申し出に一も二もなく承諾した。

船長の探索についての当方の見解やその時点まで収集していた事実関係、進捗状況などについていろいろ尋ねられ、ありのままに答えた。

それから二週間ほどあっという間に過ぎた。

これは私が身にしみてわかっていたことだが、記者にとっても、これほど信じがたく、また裏付けを取りにくい話はないだろう。何しろ「陽明丸」に関する資料や文献、情報は、日本にほとんどないのだから。おそらく記者も、私が辿ったと同じように、あまりにも乏しい情報に四苦八苦しているだろうな、と察するのみであった。

全国版の記事にするには、ロシア側だけでなく日本側の情報も押さえ、裏付けを取ること、つまり最低限の検証をしておくことが求められるはずだ。それができなければ、記事にするのは難しいだろう。

その後、記者から、しばらく連絡はなかった。

〈記事にしようにも情報不足で、立ち消えになったのかもしれない……〉くらいに思っていた。

商船学校の卒業生名簿

『評伝』の中の勝田銀次郎の写真。ひところは紀文大尽にたとえられたこともあるほど、豪胆で華麗な人物だが、世間の評判とは違った、控えめで含羞んだような彼の微笑が私はとても好きだ。顔写真を見るたびに、これがきっと彼の本当の姿に違いないと思う。存命中にぜひ会ってみたかった。そして、

〈幻の船長カヤハラさん……。あなたはいったいどこにいるの？　どこで生まれて、どんな人生を送ったのかしら？　それを知りたくてたまらないのに、あなたはいっこうに姿を見せてくれない。あなたが真っ白の夏服船長姿で颯爽と、闇から光の中へと戻って来てくれるまで、私は絶対にあきらめない〉

二〇一一年六月半ば、梅雨の真っ最中で寝苦しい日々が続いた。でも、寝苦しい理由はほかにもあった。

ロシア駐在の産経記者の取材を通じて、オルガの私への変わらない信頼と期待を知り、あらためて責任を痛感したからだ。

全国紙が記事に取り上げるとすれば、日本側の「探索代理人」の私が、ただ安閑と手をこまねいているわけにはいかない。新しい展開に合わせて、こちらも調査活動のボルテージを一段とアップしなければ。結局、この産経新聞の取材は、よい刺激となった。

〈初心に戻って、調査の始まりから今日までのやり方に何か問題がなかったか、あらためて点検してみよう〉

その結果、もし問題があるとすれば、海事海運関係の知識があまりにも不十分であった、という結論に達した。

そこで、意を決して太洋日本汽船のN常務にこの方面でのお知恵を授けていただくようお願いすることにした。思い立ったらすぐ行動が私の唯一の取り柄である。

さっそくアポイントを取って、神戸の同社を訪れた。

これまで電話だけで今回が初対面であったが、N氏はご多忙にもかかわらず、快く時間を割いてくださった。

スポーツマンタイプで、きびきびした身のこなしであった。電話で感じた通りの爽やかな応対で、栢原社長と同じく、「海の男だ!」と思った。

N氏によれば、日本の海運業が隆盛をみた大正時代、外国航路の船長という仕事は専門職であり、社会的地位も相当高かったという。

これは現代で言えば、大型旅客機の機長か公認会計士などに匹敵するステータスということであろうか。

当時、外国航路の船長は、憧れの職業の一つであった。

「そのかわり、船長になりたくてもそう簡単ではなく、実際になるのは大変で、その試験も相当に難しいものだったのです」

「船長を目指そうという若者は、その方面の知識技術を学ぶために商船学校のような専門的な教育機関にまず入学しました。そして猛勉強してから順次、各種試験を受けて階段を昇ってゆくコースが普通でした」

「だから、そちらの方面に『物は試し』で調べられたらいかがでしょう。そういう専門学校は大正時代、それほど多くなかったようですから」

さらにN氏は続けられた。

「そういう学校の卒業生名簿とか、あるいは船長クラスの幹部航海技術者の名鑑か何かがあれば、手がかりが得られるかもしれませんね」

実にご指摘の通りである。まさに目からウロコが落ちたような気がした。

「関西圏でそういう情報がないか、自分も資料館や図書館にあたってみましょう」

と言ってくださった。

N氏に深謝して同社を退出しながら、「よーし、ではこの線で、もうひとふんばりしてみよう！」虚心坦懐（きょしんたんかい）の初心に戻ろうと決意した。

「愛しい幻の船長カヤハラさん…」

Ｎ氏の助言に従い、今度は主として商船学校の卒業生や海事関係者の養成機関の名簿類にターゲットを絞った。

そこでわかったのは、戦前でもある程度までの古い時期、つまり昭和初期のデータにはたどり着くことはできたが、それ以前の明治大正期となると資料は極端に少なくなった。

それでも諦めずに、この方面でのデータ集めを相棒のＩ君と二人で続けた。

そうこうしているうちに、二〇一一年六月二六日の産経新聞に「戦火のロシア革命直後―子供たち８００人救った日本船　孫の女性『船長にお礼を』情報求める」という記事が掲載された。

担当記者から事前に聞いていた通り、私のことも手短ではあったが紹介されていた。でも、それはよく考えてみると、記事で紹介された以上、オルガだけでなく、大勢の日本人読者からも期待されることになる。唯一の日本側「探索代理人」として公認されたようなもので、心理的プレッシャーは一段と高まった。

産経新聞に記事が掲載され、私がこの調査に関わっていることを知った全国各地の友人知人から、少なからぬ数の連絡があり、温かい励ましやアドバイス、情報をいただいた。しかも産経新聞の読者だけでなく、それ以前に掲載された『室蘭民報』や『ＫＡＩＵＮ』を読んだという見知らぬ方々からも電話を頂戴し、情報が寄せられた。

メディアの力は大したもので、その影響力に感心した。

さらに商船学校卒業生や海事関係者の名簿の絞り込みも、これら各方面から寄せられた貴重な情報もあって順調に進んだ。

最終的には、明治大正期まで遡る、いくつかの貴重な資料を確認することができた。あとはいよいよ、それら有力な資料の詳しい検分である。

〈私の愛しい幻の船長カヤハラさん。あなたはすぐ近くまで来てるんじゃないかしら。絶対そういう気がする。必ず見つけてみせる。だから、覚悟してなさいよ……〉

眩いばかりの夏服の船長が暗闇の中で、一瞬微笑んだような気がした。ひょっとすると、これは一種の恋心かもしれない。そんな自分を思うと、なんと変わり者だろうと可笑しかった。

大正時代に生きた、見も知らぬ船長との「隠れんぼ」を始めてすでに二年近くがたっていた。

第三章　カヤハラ船長を発見！

「外国航路の船長しょうちゃった人やね」

各地の図書館蔵書の検索、大手古書店の目録情報から、さらに最終的に数冊が絞り込まれた。全国にまたがる情報なので、一度にすべて検分するというわけにはいかない。数日おきに一冊ずつ資料が届き、目を皿のようにして記載事実を調べた。

そして、その日がやって来た。

外部のある有力な手がかりから絞り込んだうちの一冊。大正末期に発行された分厚い名簿の中に彼がいた！　ついに、幻のカヤハラ船長を見つけたのだ。

私の目は、「茅原基治」という名前と、記載されている文章に釘付けとなった。

梅雨が明けた、窓のブラインド越しの日差しはやわらかく、天上からの光のように机上の文字を照らしていた。私は全神経を集中して記事をむさぼり読んだ。

そこには「茅原基治」の、いわゆる「個人情報」が記載されていた。原籍や住所はもちろん、今日の個人情報保護云々という法律から言えば、はばかられるようなことまで詳しく書かれている。

大正時代は、そういう「個人情報」を悪用する者などいなかったのだろう。ある意味、ずっと健全な社会だったのかもしれない。

読み終えると、なぜか自然に涙が流れた。

〈私の二年来の見知らぬ恋人、カヤハラ船長さん、ついに見つけた。あなたは茅原基治という人だったのね……〉

眩いばかりの白い夏服姿の船長が、今ようやく私の目の前に現れてくれたのだ。九〇年という時空を超え、歴史の暗闇から光の中へとついに甦った瞬間だった。

だが、いつまでも感慨にひたっている時ではない。次は、船長の遺族探しである。

本籍地は岡山県小田郡とある。岡山県でも都市部からかなり離れた田園地帯で、この地域では由緒ある一族の末裔であるらしい。

その該当地域を調べると、戦後のある時期に「笠岡市」に編入されていることがわかった。

さっそく図書館で岡山県版ＮＴＴのハローページをあたってみた。現在の電話帳は、昔のように登録者全員の情報が記載されているわけではない。むしろ、名前を載せるのをいやがる人が多いと聞く。

「はたして電話番号だけで、かんたんに遺族が見つかるものだろうか」

不安はあるが、とにかくあたってみなければ……。

グーグルの地図で地名地番をチェックしながら、本籍地にできるだけ近い地域の電話番号を順に探してみた。

その結果、本籍地の周辺に、「茅原」姓の家が数軒あることがわかった。

おそらく、これらの中の一軒である可能性が高い。遠縁であっても、船長の血筋に最も近い家にたどり着く情報が得られるだろう。

そう確信し、まず手始めに距離的に最も近いと思われる一軒の「茅原」姓のお宅に勇気を奮い起こして電話した。見ず知らずの家に電話するのは相当のプレッシャーがあるものだ。

ただでさえ電話を悪用した詐欺事件が多いのだから、見知らぬ人からの電話には警戒して当たり前。ましてや当方の用件は、親族関係という極めて個人情報に関することを尋ねるのだ。怪しまれない方がおかしい。

電話口に出たのは、穏やかな声の老婦人。年齢は七〇代後半だろうか。

「そんなことは知りません。たとえ知っていても言えません」と電話を切られることも予想しながら、覚悟を決めて用件を切り出した。

ところが、

「ああ……茅原基治さんは外国航路の船長しょうちゃった。基治さんは子供がおらなんだけぇ、うちがお墓の管理しょうるんです」

岡山弁独特の柔らかな抑揚の、人のよさそうな声が続いた。予期していない展開だった。驚きと安堵のあまり、体がへなへなと崩れ落ちそうになった。

〈やっと、親族の人を見つけた！ こんなに早く！ しかも船長のお墓を守ってくれている人

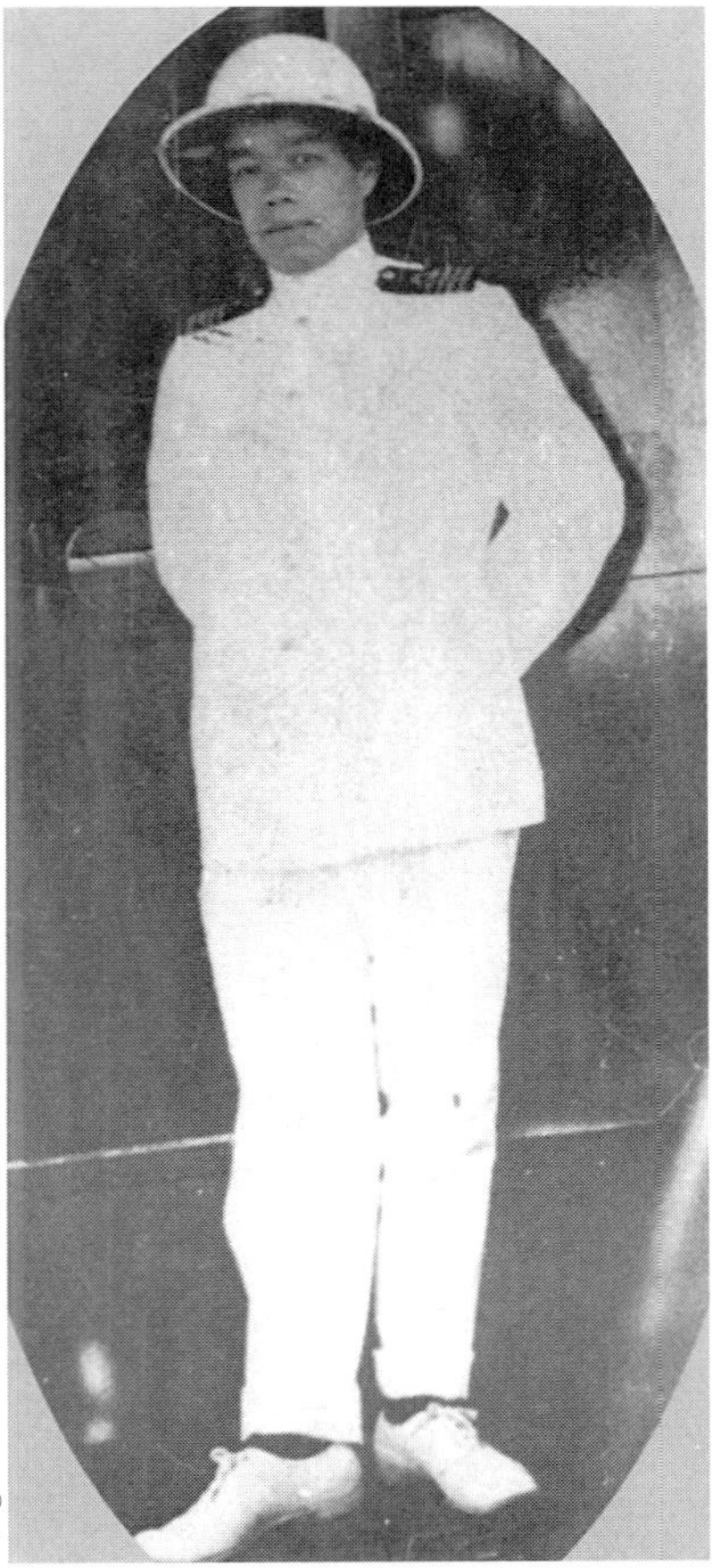

(Olga Molkina)

「『ウラルの子供たち』子孫の会」代表のオルガに依頼されてから２年、ようやく茅原船長を探し当てた。航海中の白い夏服姿の茅原船長。防暑用のヘルメットをかぶっている。

だ。それほど遠い親戚関係ではあるまい。ああ、やっと幻のカヤハラ船長がこの世に生きていた証しが得られようとしている〉

受話器を握る汗ばんだ手が、興奮のあまり少し震えた。

聞けば、この老婦人、茅原好子さんは一族の方ではあるが、残念ながら船長とは直接の血のつながりはないという。ただ親戚の娘として幼少の頃に茅原船長がとても可愛がってくれた、とのことであった。

そういうこともあって、子供のいない船長の墓をずっと世話してこられたのだ。

〈そうか……茅原さん、あなたはとても心残りだったかもしれない。あれだけの素晴らしい仕事をされたのに、子孫が絶えることになるご自分の家系について、さぞ心を痛めていたのに違いない。でも、たとえ血のつながりはなくても、あなたが可愛がっていた少女にずっとお墓を守ってもらえたのは、やはりあなたの功徳(くどく)以外の何物でもなかったのじゃないかしら……〉

茅原船長の優しく温かい人柄

後日発見した茅原船長の手記には、ロシア子供難民への深い同情と憐憫(れんびん)の気持ちがたびたび吐露(とろ)されている。

また、これも後日知ったのだが、茅原好子さんが子供の頃、義理の母親から邪険(じゃけん)に扱われていたのを見るに見かねた船長が「小さな子にそういうふうに、むやみに厳しくしてはいけない。かわいそうではないか」と強くたしなめたそうだ。

いかにも茅原船長らしい、弱者にはどこまでも優しく温かい人柄を彷彿とさせるエピソードで、本当に心優しい人であったに違いない。

さて、茅原好子さんを手がかりに、船長の家系を正確に把握するにはどうすればよいか。まさか電話口で長々と聞くわけにはいかない。観音様のように寛容な好子さんではあったが、踏み込んだ質問をするのはためらわれた。

山ほどもある聞きたいことをやっとの思いで呑み込み、とりあえず電話での親切な応対に深謝して受話器を置いた。

参謀のI君と、この先、どうすればよいかを相談した。

お年寄りにしつこく食い下がると、家族が不審に思うに違いない。好子さんのご家族にも事情を説明して協力を求めるのがよいだろう。

いずれにしろ、これら一連のことは電話ですむ話ではない。できるだけ早く笠岡に行かなければ。問題はどうやって、この話を親族の方に打ち明けるかである。

「大正時代、ご親族の茅原船長が、船でロシアに行き、戦争や内乱で追われた八〇〇人の子供たちを乗せて太平洋と大西洋を横断し、数カ月かけて親元に送り届けた。私がサンクトペテルブルクで知り合ったその子孫が、恩人である船長の遺族にお礼を言いたいと探している。それで、ようやくあなたたちを探し当てたのです……」

もし、このようなことを突然見知らぬ人から告げられたら、信じてもらえるだろうか。「年寄りを騙(だま)す、新手の特殊詐欺と疑われるかもしれませんね」とI君は冗談めかして言う。だが、ホントに冗談ではないと思った。

大正時代に起こった、途方もなく複雑でスケールの大きい国際的な事件である。どんなに聡明な人でも、簡単には理解してはくれないだろう。

そこで、電話では知らせず、現地で直接伝えることにした。そのためには、説得力のある「状況証拠」を用意する必要がある。船長の故郷に飛んで行きたいと、はやる気持ちを抑え、私たちは冷静に状況を検討した。

大正時代の資料でわかった船長の記述によれば、茅原家は地域の旧家で、船長はその直系にあたる。この記述が正しいなら、古い家系の場合、傍系も含めた親族は少なからず存在するに違いない。できれば、そのあたりも知っておきたい。

こういう時はインターネットは役に立たないだろう。地元の市役所に行っても他人には個人情報は出してくれない。残るは、電話作戦しかない。該当地域の古い電話帳をもとに、見当をつけて何軒かを絞って電話をかけてみた。

幸い、どの家も丁寧に応対してくださったが、これといった情報は得られなかった。気苦労の割には、収穫はあまりなかった。

「これはやはり、現地に出かけて茅原好子さんに、おすがりするしかない」

これが、私たちの結論であった。

翌日、意を決して好子さんに二度目の電話をした。

「ある事情がありまして、ぜひとも基治さんのお墓参りをさせていただきたいのです」と、ひたすらお願いをした。さらに、

「絶対ご迷惑をかけませんから、ご家族の方にも電話で事情を説明させていただきたい」と頼み込んだ。

好子さんは快く了承し、息子（和男）さんの連絡先を教えてくださった。

さっそく和男さんに電話をすると、同様にすんなり了承してくださった。

「どうやら信じていただけたようだ……」

強い安堵感で涙が出そうになった。

好子さん、和男さん親子は本当に人柄のよい方たちであった。人間の品性はこういうところに現れるものなのだろう、とつくづく思った。

船長のお墓参り

いよいよ船長のお墓を訪れる日が決まった。

〈これからが正念場だ。心してかからなければ……。茅原さん、長い間探してきたあなたの故郷をいよいよ訪れます。その時はあなたの魂と語ることができれば、どんなに幸せでしょうか……〉

心の恋人茅原船長に、そっとつぶやいた。

二〇一一年は例年より梅雨明けが遅かった。

私が岡山に向かう列車に乗り込んだのは、ある蒸し暑い日の夕刻だった。

茅原好子さん宅を訪問後、墓参の予定だったが、念のために新倉敷で前泊した。

数日前に電話で、茅原家の家系について詳しい一族の方がいらっしゃること、しかも、その方が地理に不案内な私たちを駅まで迎えに来てくださるという、ありがたい申し出をいただいていた。まるで、苦労している私を見かねて、茅原船長があの世で采配(さいはい)してくれているような気がしてならなかった。

当日朝、茅原隆之さんと地元の駅でお会いした。退職前は学校の先生をされていたとのことで、学究肌の上品な紳士であった。

隆之さんの車で、郊外にある好子さんのお宅まで連れて行っていただいた。通された座敷で、まずは厚遇のお礼を申し上げ、訪問の本当の理由を勇気をふるって打ち明けた。この日のために用意した新聞記事や本のコピーなどを見せながら、順を追って説明した。少し遅れて和男さんも合流した。

説明には、かなりの時間がかかった。その間、茅原家の三人は初めて聞く話に茫然の態となり、絶句しておられた。

誰でもこういう途方もない話を見知らぬ訪問者から聞かされたら、面食らって当然だ。私も立場が逆なら、そうなったに違いない。

一生懸命に説明をした。なんとか話の大筋だけは、呑み込んでいただけたようだった。それだけで私の心は風船のように軽くなった。それまでの重荷がまるで嘘のようにどこかに消えてしまった。

ここにたどり着くまでがたいへんだった。

だが、一度たどり着くと長年の知己のような気持ちになる不思議な感覚を感じた。ひょっとすると、これが茅原一族の気風というものかもしれない。

ほどなく、互いにすっかり打ちとけて、なごやかな雰囲気になった。和男さんが持参した昼食もご馳走になった。

爽やかな昼下がり、好子さん宅からさほど離れていない、茅原家の墓所に案内してもらっ

茅原家の方々のご案内で岡山県笠岡市にある茅原船長のお墓参りをすることができた。船長ご夫妻の墓石は左奥に並ぶ三墓の中央。

た。墓所は予想もしない広さで、小ぶりながら多くの墓石が整然と並んでいた。どれも見るからに古色があり、古いものは数百年の歳月を経ていると思われた。

説明によれば、以前は雑木林に散在していた一族の古いお墓を寄せ集め、整備したものだという。

道に近い手前の三基のうち、向かって右は船長祖父の禎造さん夫妻のもの、中央は船長夫妻の生前墓、左は父母の正太郎さん夫妻のものとのこと。

さっそくお参りをさせてもらった。感無量とはこのことである。

サンクトペテルブルクでのオルガの「直訴」から、ようやくここまでたどり着いたのだ。二年間の努力は決して無駄ではなかった。そう思うと涙とともに、大きな喜びが湧いてきた。

その日の夕刻、駅を出発する列車の窓からぼんやりと外を眺めていた。

ふと遠くからダンディな夏服姿の茅原船長が微笑みながら手を振っているような気配を感じた。それは錯覚なのか、いやそうではない気がした。

第四章　たった一冊の船長手記

手記『露西亜小児團輸送記』

船長の墓参とほぼ時を同じくして、私たちの調査活動に大きな進展があった。

それは、船長の手記を発見したのだ。これはたいへん重要な発見と言わねばならない。船長個人の特定以上に大きな意味を持つと思われるからだ。

茅原船長の手記が存在することなど、私たちは夢にも思っていなかった。船長の身元の特定に成功した勢いに乗り、彼の関連情報をできるだけ探ろうと努めた。

インターネット検索をフル活用したが、はじめは思ったほどヒットせず、めぼしい情報は得られなかった。続けるうちに、ついに目が釘付けになる情報に遭遇した。

「『赤色革命余話　露西亜小児團輸送記』茅原基治著」とあるではないか！

これだ！と小躍りした。所蔵先は、岡山県浅口市の金光図書館とあった。船長の郷里、笠岡市ではなかったが、浅口市は同じ県内で、笠岡市と隣接している。同館で保存されている経緯は後日わかったが、それについては後述する。

念のために、国立国会図書館ほか全国の主要な図書館の蔵書をくまなく検索したが、どこもヒットしなかった。ということは、この金光図書館所蔵の一冊が、現存するただ一つのものという可能性が大である。

限定出版された茅原基治船長の手記『赤色革命余話 露西亞小兒團輸送記』（金光図書館 蔵）

数日後、この手記のコピーを入手した。はやる気持ちを抑えながら読み始めた。手記はわずか五三頁だが、実に驚くべきことが記されていた。（第三部で手記の全文（現代かな遣い）を掲載）。

本の巻頭に「年賀状に代えて」とあるように、近い縁戚や親しい関係者だけに限定して配布したものらしい。しかも、推察するに、当初は「ガリ版刷り」であったらしい。それを、船長自身が思うところがあってか、ごく少部数の限定出版となった経緯があるようだ。すべて「〜らしい」「〜のようである」と書かざるを得ないのは、今となってはその経緯を知る人が誰もいないからだ。

現存する本は一冊だけ。すこぶる貴重なものである。配布部数がきわめて少なかったことと、長い年月で、そのほとんどが自然に廃棄されてしまったのだろう。

手記が発見されたのは、ただただ「奇跡」と言ってよい。

手記の発行日は昭和九年元旦で、船長自身が「人生五十と云う峠に達し、過ぎて来た坂道の中で、最も深く印象に残って居るものを綴（つづ）り、年賀状に代えました」と述べている。

子供たちへの深い憐憫の情

茅原船長はいわゆる叩き上げの人で、船員から船長までひたすら努力で昇ってきた苦労人である。外国航路を豊富に経験してきたという記録も見られる。

それら多くの思い出の中で、あのロシア子供難民の輸送任務が最も心に強く残っているというのだ。

茅原船長は決して長寿ではなく、還暦を目前にして黄泉（よみ）の国に旅立ってしまった。現代では実感しにくいが、戦前は平均寿命が短く、文字通り「人生五〇年」であった。五〇歳になるとそろそろ「死」というものを意識し始めたのだろう。

そして、あの大航海のことは、船長の心の中にしっかりと留められていたに違いない。その思い出が命とともに消滅してしまうのは、何としても心残りだったのではないだろうか。船長には、実子がなかった。それもあって、「これだけは書き残しておかなければ」という強い思いに駆(か)られたのかもしれない。

手記が配布されたのは、あの大航海から一三年以上も経過したあとのこと。にもかかわらず事実関係は時系列的に詳細に記されている。おそらく、船長自身が航海当時、個人的につけていた日誌類が元になっているのだろう。

手記では、ロシアの子供たちへの深い憐憫の情がたびたび書かれている。たとえば、ウラジオストクからの船出のところでは以下のようにある。

「大陸露西亜に生まれて露西亜に育った小児達だ。はじめて海に出た嬉しさと珍しさに、歓声を上げて騒ぎ回って喜んで居た。

嬉しいか、騒げ、薄幸の小児達！　せめてこれが、幸福への、船路の旅であることを祈りたいぞ！」

この航海を紹介した『今日のソ連邦』の記事には、半世紀後に老年となった子供たちの思い出がつづられ、「船長は子供たちには優しい親切な人であった」と記されている。

船長の手記は次のような、奇妙なほど唐突な言葉で終わっている。

「此の可憐な小児達が、其の後幸福な日を送って居るかどうかは、一切不明で知る由もないが、陽明丸は先年宮城県金華山の海岸で、濃霧の為暗礁に乗り上げて沈没した」

この最後の文章に、船長の執筆の動機の核心が要約されていると思えてならない。縁あって自らその大救出作戦に関わった子供たちへの想い。そして、その大航海をともにした陽明丸が沈没してしまったことの無念さ、寂しさ、そして無常感。それらが行間ににじみ出ている気がする。

手記のこの唐突な終わりは、意図したものではないだろうが、読む者の心にいつまでも響き続ける。

第五章　人道の船「陽明丸」

オルガの夢が現実に

ようやく船長を特定し、オルガとの約束を無事に果たした。次の作業は入手した資料の整理である。

その前にまずサンクトペテルブルクのオルガに電話して、カヤハラ船長を見つけたこと、そして時を同じくして船長の手記を発見したことを伝えた。

「船長発見」の知らせを聞くとオルガはしばらく沈黙した。その後、受話器の向こうから聞こえてきた声は少し潤(うる)んでいた。

「そう……本当によかった……ありがとう！」

それ以上は言葉にならないようだった。

それから三カ月後の二〇一一年一〇月、オルガは初来日し、私たちの案内で船長の故郷、笠岡市に向かった。彼女の少女時代からの願いであった、カヤハラ船長にお礼を述べる夢がとうとう現実のものとなったのだ。

船長の墓所には、茅原家をはじめ、地元の人々が大勢出迎えてくれた。

オルガは、ロシア国旗を墓前にうやうやしく捧げた。

そして、船長に救われたロシア子供難民を代表して、祈りと感謝の言葉を述べた。彼女は英語も喋れるのだが、私たちの願いを聞き入れて、ロシア語で挨拶してくれた。笠岡からの帰路、大阪サンクトペテルブルク倶楽部の紹介で在大阪ロシア連邦総領事館に立ち寄り総領事に表敬訪問を行なった。

それより少し前、私もＩ君も、新たに発見された事実を報道関係者に伝えるべきだろう、ということで意見が一致した。歴史の闇に忘れ去られていた日本人の功績を広く世間に伝えたい、という強い思いが私たちにはあった。メディアの力を借りれば、それも可能になる。

調査活動に以前から理解をいただいていた、朝日新聞のＯ記者を思い出し、情報を提供した。Ｏ氏は、私たちの話に耳を傾けると、この船長発見のニュースを記事にすると約束してくれ、約二カ月後の二〇一一年九月一四日、事実関係を精査したうえで、「疎開８００人 地球一周―日本人船長ロシア難民の子運ぶ」という記事を載せてくれた。

2013年、2度目に来日したオルガ。第1回「人道の船 陽明丸顕彰記念式典」を開催し、NPO名誉会員証を贈呈した。

主要全国紙である朝日新聞に掲載されたことで、ほかのメディアも注目し、堰を切ったように次々と取り上げられた。たとえばテレビでは次のような特集が組まれた。

●二〇一二年、北陸朝日放送「テレメンタリー『革命の荒波をこえて～ロシアの子供八〇〇人を救った日本人船長～』」

●二〇一四年、TBSテレビ「報道の魂SPエピソード14『葬り去られた日米協力』」

●二〇一四年、テレビ東京「ありえへん世界〈世界と日本の知られざる絆スペシャル〉『ロシアの子供たち八〇〇人を救った日本人茅原基治と勝田銀次郎』」

さらにラジオでは、二〇一一年一二月、NHK国際放送「ロシアの子供たちを救った船―知られざる陽明丸の史実」が米露など世界各国に多言語で放送された。

これらの報道の反響で勝田銀次郎の神戸市長時代の部下の子息や陽明丸乗組員の子孫の方々からも連絡をいただいた。

NPO「人道の船 陽明丸顕彰会」の創設

その頃、任意団体「人道の船 陽明丸顕彰会」を発足させて、調査研究活動の充実を図った。その後、事業運営に必要なボランティア人員の確保が急務になってきたことから、特定非営利活動法人（NPO）への移行を決めた。NPO「人道の船 陽明丸顕彰会」（理事長北室南苑）は二〇一三年二月に認証され、同年六月に第一回通常総会を開催した。

NPOの本部機能と陽明丸事蹟に関する展示施設を兼ねた「人道の船 陽明丸顕彰館」を日露友好ゆかりの地、能美（のみ）市（石川県）に設立した。

以来、当顕彰館を活動拠点として、地元自治体や市民とも連携して、その有効な活用に努めている。

二〇一三年には、オルガを日本に招待し、第一回「人道の船 陽明丸顕彰記念式典」を開催した。その後、オルガとともに上京し、日本記者クラブで共同記者会見を開いた。この記者会見の様子は動画サイト「ユーチューブ」で公開されている。また、日露友好親善に長年尽くして

2013年、日本記者クラブにて共同記者会見するオルガ・モルキナと筆者。

おられる郷土出身の森喜朗元総理を表敬訪問した。

二〇一四年にオルガを再び招待し、米国からも関係識者A・リンデンマイヤー教授（ヴィラノバ大学ロシア近代史）を招いて、能美市で第二回記念式典を盛大に開催。その後東京の日本外国特派員協会で日露米三カ国関係者の合同講演会を行なった。

また、これら両名とともに、ロシア子供難民救出作戦の指導的役割を果たしたルドルフ・B・トイスラー博士が創設した聖路加国際病院（東京・中央区）を訪れ、福井院長への表敬訪問を行なった。

この年は、日本財団の補助金も得ていたので、さらに本事蹟のリーフレットも発行し、現在も顕彰活動に活用している。いずれは、その英語版、ロシア版発行も計画している。

二〇一五年には、陽明丸と関わりが深い神戸市で「陽明丸 奇跡の大航海展」を開催した。第三回記念式典を能美市で開き、聖路加国際病院および日本在住ロシア人の関係識者を招いて、パネルディスカッションを行なった。

引き続き本事蹟を紹介する「人道の船 陽明丸顕彰会」のホームページを充実させ、日露米の関係者間の直接交流を推進し、陽明丸の顕彰活動をさらに拡大させていく予定である。

二〇一六年にはNPO有志で神戸・笠岡市への表敬訪問団を組み、まず神戸で勝田銀次郎の墓所にお参りし、次いで笠岡にて茅原船長の墓参セレモニーを行なった。

日本人を代表して筆者が船長の御霊に日の丸国旗を、そしてロシアの若い世代を代表して当NPO客員研究員レブロワ・マリヤがロシア国旗を捧げ、それぞれ船長に感謝の言葉を述べた。

墓参のあと、一行は笠岡市役所を表敬訪問し、酒井能美市長から小林笠岡市長への友好メッセージを伝達した。さらに笠岡市の幹部および市議会議員と茅原船長の功績保存の今後の在り方などについて協議した。

茅原船長の墓前では、遠くサンクトペテルブルクから届いたオルガのメッセージが代読された。

私はいま、茅原船長のお墓からあまりにも遠く離れたサンクトペテルブルクにおりますので、まことに不本意ながら、墓参には参加できません。しかしながら、故船長の御霊に対しては、心からの感謝と敬意の言葉を申し述べるものです。

なぜなら、茅原船長は当時、ウラルの子供たちであった私自身の祖父母を助けてくださった命の恩人だからです。

数年前に縁あって船長のお墓にお参りし、茅原家の方々とお会いする機会がありました。それまでは、私にとって茅原船長は、子供時代からずっと伝説的なヒーローのような存在でした。ですが、まさにお墓と対面した私は、かくも身近に船長が永眠されていることを実感いたしました。

そして、その時はじめて、故茅原基治さんは確かに実在された方で、以前思っていたような単なる伝説上の人物ではないと確信したのです。

茅原船長は大きな度量と勇気、そして寛容さを備えた、まことに気高い美徳をお持ちの方でした。船長の優れた人間性については、残された手記に描かれているさまざまなエピソードからも読み取ることができます。

また、陽明丸でウラジオストクから八〇〇人のロシアの子供たちを帰郷させたことは、船長の人生のうえでも大変重要な意味があったとお考えになられたのでしょう。

一九二〇年当時、茅原船長は三五歳で、まだ若い男性ではありましたが、腕白盛りの子供たちを扱うには、気配りと寛容さが大切なことを、その賢明な洞察力で理解されていました。

手記の中で、私が最も心を打たれたのは、そういう腕白な子供に対しても、彼らを優しく包み込むような実に温かいお言葉で述べられていることです。

彼らの子孫の一人として、私はその紛れもなく高潔であられたあなたに心からの敬意を捧げるものです。

二〇一六年一一月

「『ウラルの子供たち』子孫の会」代表　オルガ・モルキナ

（一柳訳）

第二部　陽明丸大航海

（一柳鵜）

第六章　革命の荒波をこえて

首都ペトログラードの食糧難

ここからは、陽明丸によるウラル子供難民救援の経緯を振り返り、時系列的に整理してみよう。

時は一〇〇年前にさかのぼる。

一九一八年五月のロシア。その四年前の一九一四年七月に第一次世界大戦が始まった。ロシアは英仏日など連合国の一員として、ドイツを盟主とする中央同盟国との戦いに突入した。当初、交戦各国ともに短期間で戦争を終わらせる腹づもりだった。

だが、いくつかの大会戦で決定的な勝利の機を互いに逸し、戦争はいや応なく長期の総力戦となった。しかも、欧州の主要な各エリアに、戦域は次第に拡大していった。

この戦争が、当時の時局用語でいう「欧州大動乱」である。ロシア戦線でも両軍による大激戦が続いた。

当時、まだ農奴制の影を引きずっていたロシアだが、版図だけはとてつもなく広く、全領土にアメリカ合衆国と全ヨーロッパがすっぽり収まるほどの大帝国であった。モスクワから極東ウラジオストクまでの大シベリア鉄道は二〇世紀初頭にはほぼ開通していた。

第１次世界大戦の戦況を伝えるドイツ帝国の報道誌（筆者蔵）

その一方で、民政向上には支配層はさほど関心がなく、広大な領土から吸い上げる富はもっぱら皇帝（ツァーリ）や貴族、一部の有産階級に集中し、国の発展に必要な工業化も西欧に比べて遅れをとっていた。官吏の汚職はひどく、民衆の支配システムは専横をきわめていた。近代以降、政治変革を求める反体制運動が幾度も起きているが、皇帝政府はそのつど厳罰をもって弾圧してきた。

これに追い打ちをかけたのが、その一〇年ほど前に起きた日露戦争だった。小国と侮った日本に敗れたことを契機に、ロシア帝国は国威が上がるどころか、長年放置されていたさまざまな内部矛盾が露呈し、統一国家としての屋台骨が軋み始めた。

つまり、軍事強国ドイツを相手に大戦争を挑むには、この当時のロシアは体力的にもともと無理だったのだ。皇帝や軍上層部の当初の目算が狂い、戦争は長引き、果てしない消耗戦で、しだいに疲弊の色が濃くなっていった。

一方で、相も変わらずの皇帝の強権統治に、数百年間鬱積されていた民衆の憤懣がマグマのように高まっていた。そして、戦争三年目の一九一七年三月（ロシア旧暦二月）、そのマグマが噴出した。ロシア二月革命である。

怒り狂った民衆に打倒され、皇帝ニコライ二世は退位に追い込まれた。約三〇〇年続いた由緒あるロマノフ王朝はここに終焉した。

ところが、その後、政権を握った中道派のケレンスキー臨時政府は、連合国側の一員であることを再宣言し、戦争を続行した。ただでさえ厭戦気分が満ちているなか、パンと平和を求める民衆のマグマが再び噴出するのは時間の問題だった。

その年一一月（ロシア旧暦十月）、ペトログラード市内の労働者・兵士が武装蜂起したのがロシア十月革命。臨時政府の転覆を画したレーニン率いる過激派ボリシェビキが指導したものだ。過激派の労働者と兵士は臨時政府の置かれていた皇帝の宮殿、冬宮を攻撃し制圧した。

それを契機に、組織力に勝るボリシェビキが主導するソビエト（労働者・農民・兵士の評議会）が全政治権力を掌握した。レーニン政権はやがて、公約どおりドイツ・オーストリア中央同盟国と単独で休戦。前線からは、戦いを放棄した兵士たちがどんどん各地に帰還してきた。ペトログラードにも、兵士たちが大挙して戻ってきた。それはそれでよかったのだが、今度は別の深刻な問題が生じた。食糧の絶望的な不足である。大戦で多くの農民が兵士として駆り出されており、農業経済の混迷も重なってロシア全土の食糧生産力は非常に低下していた。戦場の兵士にさえ必要最低限の食糧が送られておらず、銃後の国民も同様にかなりの辛抱を強いられていた。革命政府が着手した過激な農業政策もかえって混乱を増幅させ、食糧生産の回復にはつながらなかった。

一九一八年三月、革命ロシアはほかの連合国の反対を押し切って、中央同盟国と単独で講和条約を結び（ブレスト＝リトフスク条約）、ロシアは正式に大戦から離脱した。

だが、この条約でロシアは、中央同盟国の強気の要求で、穀倉地域のウクライナや交易地バルト三国など重要な領土部分を切り離されてしまった。それ以前、もともと消費都市であった首都ペトログラードでは、市民の分だけでも食糧は不足気味であった。

ペトログラードは革命当時、人口約二〇〇万人のロシア最大の都市。そこに、大挙して戻ってきた復員兵や引き揚げ避難民は大幅な余剰人口となり、食糧不足に追い打ちをかけた。生産ラインと流通機構の麻痺で燃料など生活必需物資も、軒並み高騰した。

きわめて少ない食糧の配分をめぐって、市内では不穏な空気が漂い、前線から帰還した兵士たちの気は荒く、追いはぎや押し込み強盗は日常茶飯事となった。

そのような状況にあって、食糧危機が反革命運動に結びつくことを警戒した市ソビエト当局は厳しい配給制によって事態の収拾を図ろうとした。だが、食糧そのものの絶対量が少なく、焼け石に水であり、さらに栄養状態が悪い人々を襲ったのが腸チフスなど、各種の恐ろしい伝染病であった。

陽明丸で海を渡った八〇〇人の子供たちが、ウラルに出立した事情には、以上のような切羽詰まった背景があったことを、まずご理解いただきたい。

以降の経過については、われわれが「オルガの紙芝居」と呼んでいる、彼女が作成した画像資料を用いてたどっていく。オルガは国内外での紹介展示に際して、このビジュアル資料を活用しており、われわれも許可を得て利用させてもらっている。

文章による説明は少ないが、写真などの配列は時系列的によく整理されている。それらは、彼女が主宰する「『ウラルの子供たち』子孫の会」のメンバーが保有する貴重な遺品や、これまで蒐集してきた各種資料などで構成されているものだ。

この「オルガの紙芝居」をベースに、筆者が収集した米国赤十字その他の記録も交えながら

(Olga Molkina)

寒空で食糧配給の列に並ぶ市民たち。一日中待つことも珍しくなかった。

当時の様子を紹介する。

ウラルへの集団疎開

一九一八年の春、大戦と二度の革命を経たペトログラード市民は、慢性的な飢えに苦しみ、乏しい配給食糧を得るために、長時間の行列に耐えねばならなかった。街頭では、栄養失調の馬が倒れ死ぬと、通りがかりの市民たちが即座に群がり、肉を切り取っていった。

市当局は、飢えた子供たちには食物を与えようと、一定の配慮はしたようだが、育ち盛りの彼らには、とても十分な量とはいえず、子供たちにも大変つらい日々であった。

飢えや寒さ、伝染病で、多くの市民が斃（たお）れ、市内には至る所で死者の棺桶（かんおけ）を引く姿が見られた。

ペトログラードの市民すべてがひどい餓えに苦しんでいたが、親たちはせめて小さな子供たちの命だけは救いたいと願った。子供らに何とか栄養をつけさせたいと、この年の春に当局が募集したウラル方面への集団疎開に、親たちは進んで応じた。

「子供たちの栄養補給のための夏季居留疎開」という内容のプログラムであった。ただし費用は自費なので、これに応じることができたのは家計に多少の蓄えのあるホワイトカラーなど中間層以上の市民であった。

市当局の計画としては、食糧難の市内から、子供たちだけを遠方の南ウラル方面に疎開居留させるというもので、期間も快適な夏季までのはずだった。

当時の南ウラル地方には農村地帯があり、ヨーロッパ・ロシアの都市部に比べて、食糧事情はずっと良好と考えられていた。その距離は北欧に近いペトログラードから東へ三千キロ以上のはるか彼方で、シベリアへの入り口である。日本に置き換えると、北海道北端から九州南端を越えてまだ彼方の地である。

子供たちは軍衛生部の汽車で、引率者とともに二グループに分けられ南ウラルに向けて出発した。第一グループは四七五人で、向かった先は南ウラルのミアスという町であった。彼らが出発したのは一九一八年五月一八日。

(Olga Molkina)

南ウラルへの長い汽車旅の途中の停車場で。まだあどけない子供も多かった。

第二グループは四二〇人で、向かった先は南ウラルでも現代ではカザフスタン領となっているペトロパブロフスクという町だ。この第二グループが出発したのは、先発組の一週間後の五月二五日であった。

疎開した子供たちの年齢幅は五歳から一五歳ほどで、引率者を除いた子供たちの総勢八九五人。好奇心旺盛な年頃の子供たちは、楽しい林間学校に行くような浮き浮きした気分で出発したらしい。だが、その先に待ち受ける二年半以上に及ぶ過酷な運命については、まだ知る由もなかった。

六月初め、子供たちはようやく南ウラルに落ち着いたが、ここに来るまでも機関車の燃料や飲料水の不足、反過激派勢力の鉄道サボタージュなど、かなり困難な道のりであった

(Olga Molkina)

夏の南ウラル地方の気候は快適で、当初は食べ物も十分あった。

らしい。

住居は、点在していた適当な廃屋や建物を利用して、当面の居を定めた。これら建造物は使われていない軍施設や、二度の革命で所有者の富農や有産階級市民が逃亡したりして、放棄していったものだ。

南ウラルでは初夏に入っていた。彼らの生命を脅かす深刻な事態はまだ起きてはいない。教師に連れられて、近くへの遠足やハイキングなど、子供らしくそれなりに毎日楽しく過ごしていた。だが、それはやがて押し寄せる津波のような内戦が、彼らに到達するまでの間だった。

この頃は、写真にあるように、まだ親元から手紙が届いていたので、子供たちに不安はなかった。ターニャという女の子は、山中で拾い集めた貴石類を入れた箱を肌身離さず大切に持ち

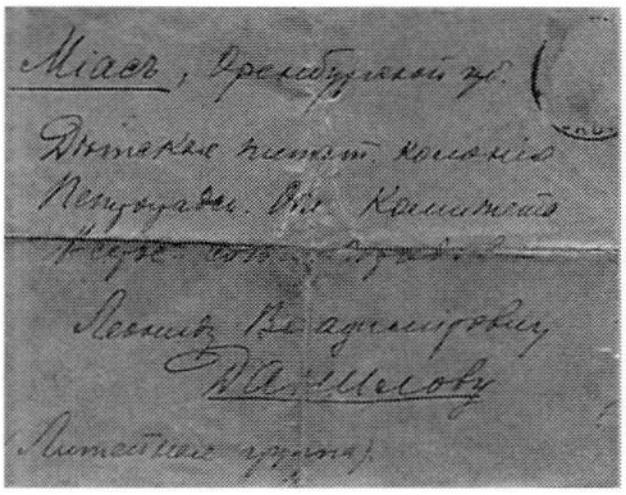

(Olga Molkina)

（上）ペトログラードの親から子供たちに届いた手紙。（右）ターニャ（写真の少女）が集めた貴石類の箱。これらも地球一周の旅をすることになる。

歩き、その箱は彼女と一緒に地球を一周して故郷に戻ることになる。

チェコ軍団の武装蜂起

ちょうどその頃、子供たちの運命を変えてしまう、ある大きな事件が南ウラルで起きていた。事の発端は、五月一四日に起きたシベリア鉄道チェリャビンスク駅でのチェコ兵と復員途中のハンガリー兵との小さないざこざであった。

チェコスロバキアは、本来民族学的にはスラブ圏に属する国である。だが、三十年戦争などの歴史的経緯を経て、近世以降はずっとオーストリアのハプスブルク家に支配されていた。オーストリア＝ハンガリー帝国のいわば属州扱いで、見下されてきた。

この反動として、チェコスロバキア人の民族独立を目指す気運が高まっていた。ちょうど第一次世界大戦中のことだが、彼らは国籍上、オーストリア＝ハンガリー帝国の臣民であった。そのため中央同盟国軍兵士として徴兵され、対露戦の最前線に送られた。同じスラブ民族のロシア軍と戦わされたのだ。

彼らとすれば、「主人」であるハプスブルク家の皇帝の命令で、何の恨みもない、民族的にも近いロシア人との殺し合いを強いられたわけだ。当然ながら、前線兵士たちには厭戦（えんせん）気分が急速に広まった。

最初は少人数で、次第に部隊ごとロシア軍に投降していった。それだけではない。彼らチェコスロバキアの投降兵は、義勇兵として新設された部隊（いわゆる「チェコ軍団」）に編入された。武器を与えられてロシア軍の戦列に加わり、かつての「主人」に銃口を向けることとなった。ところがチェコ軍団は、露独の停戦後に運命が再び転変した。彼らは、レーニンの革命政府に、いわば梯子（はしご）を外されてしまったのだ。

フランス側の西部戦線に転戦するためロシア出国を要求したのだが、ロシア国内反革命勢力への加担を疑ったレーニン政府が渋って留めおかれてしまったからだ。約五万人の兵士は長大なシベリア鉄道沿線各地で無為な時を送るほかはなかった。

彼らにとっては、進退きわまる状態であり、赤色ロシア政府とドイツ・オーストリア軍への憤り(いきどお)は相当に鬱積していた。そして、ついに暴発してしまった。チェリャビンスク駅でチェコ軍団兵の列車内に、ハンガリー軍捕虜の列車から鉄片が投げ込まれ、一人のチェコ兵士が負傷した。ハンガリー兵から見れば、彼らチェコ軍団兵は祖国への反逆者であり、憎むべき敵である。それゆえの衝動的行為であったのだろう。

極限まで怒りが充満していたチェコ軍団兵は、相手側の車両に押しかけ、鉄片を投げつけた犯人をその場で射殺してしまった。それから「暴力の連鎖」が始まった。駆けつけてきた赤軍兵士が数人のチェコ軍団兵を逮捕投獄。それに怒ったチェコ兵たちが獄舎を襲撃して戦友を奪還、さらに勢いあまって武装チェコ兵たちはチェリャビンスク市内の要所を占領してしまった。

そして、五月二五日、現地から緊急報告を受けたレーニン政府は、チェコ軍団への姿勢を硬化させた。これらの地域のチェコ兵を反乱軍とみなし、即刻武装解除、全員収容所送り、逆らう者は射殺の強硬手段に出た。

これに猛然と反発したチェコ兵たちは、躊躇することなく同地区の赤軍相手に全面的に戦闘を開始した。何しろ失うものがなく、敵対的な異国の地に留めおかれ、鬱屈していた兵士たちである。幾多の戦闘で鍛えられていた精強なチェコ軍団兵は、鎮圧に来た農民主体の赤軍部隊を蹴散らした。

勢いに乗じた彼らは、さらにウラル・ボルガ地帯の鉄道沿いの主要地域で攻勢に転じた。彼らとすれば、理不尽にも長らく抑圧され、限界まで膨満していたガスが一気に爆発してしまった、ともいえるだろう。

西部戦線に転戦すべく、シベリア方面で待機していた他グループのチェコ軍団も、西方で戦っている戦友たちを見殺しにはできなかった。各地の反過激派勢力と連携し、見る見るうちにウラル周辺から東端のウラジオストクに至る数千キロのシベリア鉄道沿線の主要拠点を制圧してしまった。

このチェコ軍団の本格的な武装蜂起が開始されたのが五月二五日。ちょうどこの日がペトログラードの子供たちが家族に見送られ、二グループに分かれて列車で出発し終わった日であった。

いわば凄まじい台風が発生したまさにその時、何も知らない子供たちはその暴風圏に向けてのんびりと旅立ってしまったわけだ。

争乱のウラルに取り残された子供たち

ウラルに疎開した子供たちも、その親にしても、その期間は夏が終わるまでの約三カ月のはずだった。親たちは栄養をつけて見違えるほど元気になったわが子が、初秋にペトログラードへ戻ってくるのを楽しみにしていた。

だが、疎開して間もなく、元気で再会するはずだった彼らの願いは粉々に打ち砕かれることになる。その張本人が、子供たちの出発と同時期に、武装蜂起したチェコ軍団であった。

このチェコ軍団の蜂起に加えて、さらに事態を混迷させたのは、これに呼応した反過激派白軍勢力の攻勢であった。

十月革命と、ドイツ・オーストリアとの休戦をきっかけに、それを不服として赤色政権打倒を目指した白軍の反過激派武装闘争が国内各地ですでに起きていた。この時点での白軍蜂起の主力は、主として旧ロシア帝国軍人たちで、その中には、日本陸軍がバックアップする、コサック系のアタマン・セミョーノフやカルムイコフの軍も含まれていた。そして、日露戦争で勇戦したこともある海軍提督アレクサンドル・コルチャークが英仏の支援を受け、これら白軍勢力を束ねることを期待されていた。

チェコ軍団は、結局それから二年間ほど戦闘を続けながら、ロシア国内に留まることになる。これもまた不思議な因縁だが、以後の彼らのシベリア在留期間は、陽明丸の子供たちとほぼ同じであった。

各地の白軍勢力と連携し、反赤色政権の戦いの先鋒となったチェコ軍団。彼らは連合国側でありながら、ロシア国内で孤立した存在ゆえに、その救出を口実に、間もなく欧米や日本などがシベリアに共同派兵を行なった。

これら各国派遣軍がウラジオストクに上陸したのは、子供たちがウラルをあてもなくさまよい出した頃、一九一八年の夏である。

こうしてロシア国内では猛火のように赤白内戦が激化し、赤白どちらにも属さない諸派も加わって三つ巴となり、混迷の度が増していった。大戦と革命による疲弊に輪をかけて、ロシア国民の塗炭（とたん）の苦しみがさらに続くことになる。

陽明丸の子供たちにしても、運命を狂わされたことは同様であった。疎開していた南ウラル一帯に、大攻勢をかけたチェコ軍団と白軍部隊が進撃し、現地の赤軍勢力と全面的に衝突した。

南ウラル一帯は、大ざっぱにいえば、ヨーロッパ・ロシアの人口密集地を基盤とするレーニンの赤色政権、そしてウラル以東のシベリア鉄道沿線地帯や南ロシアなどを基盤とする白軍・チェコ軍との争奪の場となり、熾烈な戦場となった。当然ながら、この地域一帯を行き来する鉄道運行や通信はやがて途絶した。疎開した子供たちは、ほぼ完全に遮断されてしまった。

ペトログラードに逃げ戻ろうにも、もうすでに手遅れだった。

底をついた食料費

南ウラル一帯での内戦の激化にともない、ウラルの子供たちはいつの間にか両軍が対峙する戦域の東側に取り残されてしまった。赤色革命発生の地、ペトログラードからやってきた子供たちは、敵対する反革命勢力の真っただ中に置き去りにされたことを意味する。

もし、彼らが成人であったならば、民間人でも危険にさらされただろう。ロシア内戦当時の両勢力は、双方ともに殺すか殺されるかの敵対関係にあった。ただ子供であるという理由で、チェコ兵や白軍兵は彼らを敵とみなさず、大目に見てくれた。幸い引率者の一人がチェコ人だったので、事情を訴えてどうやら理解してもらったようだ。教師たちも、その職掌上の立場を斟酌（しんしゃく）されて見逃されたと思われるが、いずれにしても文字通り戦場のど真ん中にいることに違いはなかった。

時にはすぐ近くで両軍の激しい銃撃戦が行なわれた。子供たちの寝室に唸りをあげて流れ弾が飛び込んできたのも一度や二度ではなかった。さらに恐ろしいことに、捕虜となった赤軍兵士多数がチェコ兵に処刑される光景も間近で目撃している。

七月には、同じウラルのエカテリンブルクの邸宅に幽閉（ゆうへい）されていた皇帝ニコライ二世が、レ

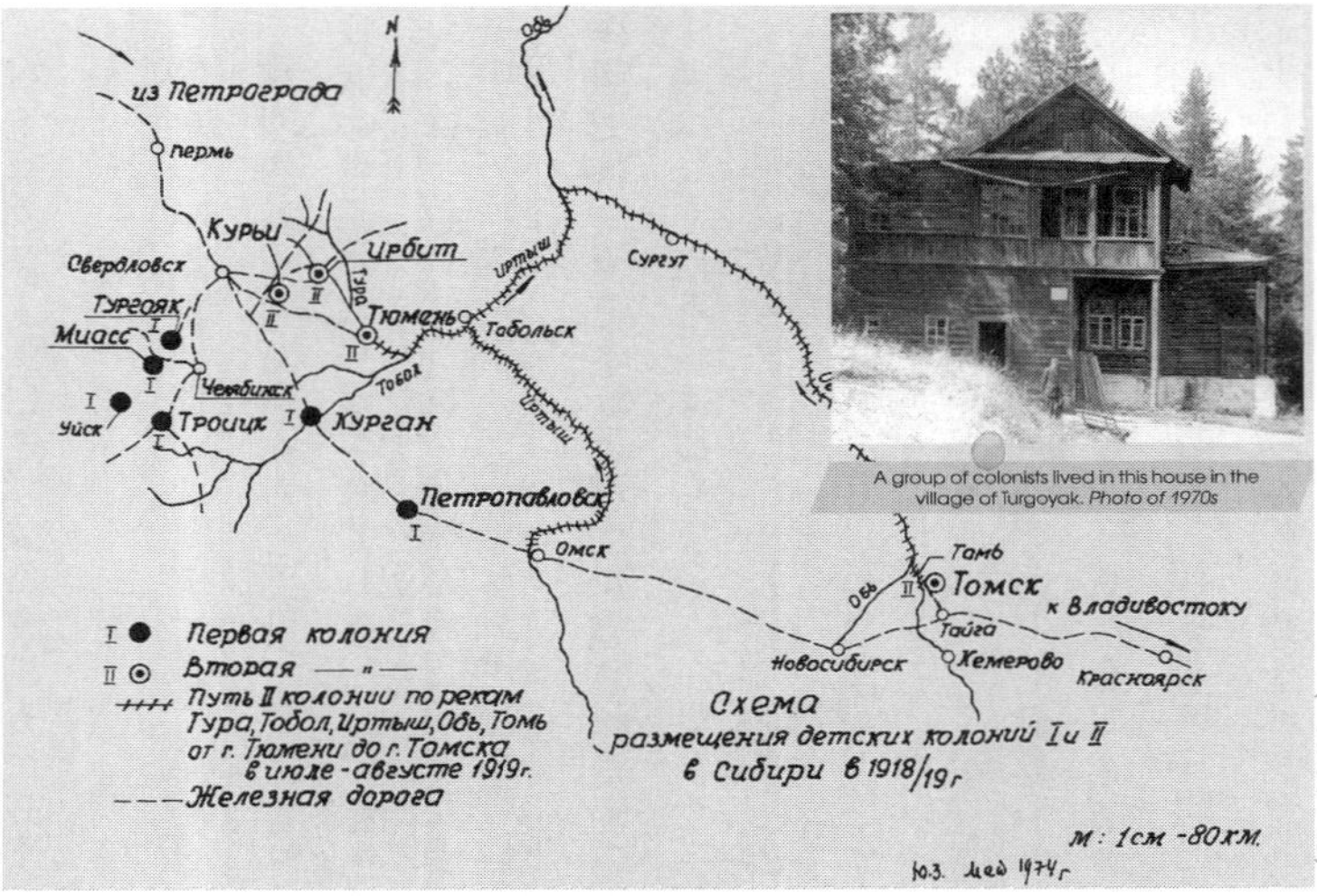

A group of colonists lived in this house in the village of Turgoyak. Photo of 1970s
(Olga Molkina)

写真は南ウラルで小グループに分かれて暮らしていた子供たちの住居の一つ（撮影時期は1970年代）。地図は1人の少年が帰国後に記憶をもとに描き残したもの。1918年から19年にかけて状況の変化にともないグループに分散して居留していた場所を示す。

ーニン政府が急遽派遣した処刑隊によって家族もろとも銃殺された。これは、チェコ軍団攻勢の勢いに乗じた白軍に皇帝が奪還され、政治利用されるのを恐れてのことだった。

　子供たちにしてみれば、直接危害を加えられることはなかったにせよ、危機的状況であることに変わりはない。チェコ軍団や白軍の兵たちは気まぐれに食べ物をくれることはあっても、決して保護してくれることはなかった。

　もはや、両軍が激しく戦うさなかを通って、ペトログラードの親元に戻るのは自殺行為だった。まして、帰ろうにも交通手段がない。最大の問題は食料であった。夏から初秋にかけては、季節はまだ穏やかで、森ではキノコや山菜などが採れて、乏しい食事の足しにはなった。内戦に巻き込まれる前は、親からもらった多少の小遣いで食べ物を買うこともできた。地域での効率的な食料調達のため、子供たちは七つほどの小グループに分けられ、近隣地域に分散滞在した。

だが、疎開は夏季までと予定されていたので食料費はこの間に底を尽き、さらに生活物資の価格暴騰が追い打ちをかけた。彼らが持参したレーニン政府の紙幣は、白軍の支配地域となったため、通用しなくなり、ただの紙切れとなってしまった。仕方なく衣類や寝具を少しずつ手離し、食べ物に換えた。やがて換えるものがなくなると、子供たちは町や村を回り、物乞(ものご)いをするほかなかった。

当初は現地の人々も、子供たちの境遇に同情してくれた。だが、彼らも生きていくことで精いっぱいだった。たび重なる革命と内戦で、住民たちも悲惨な生活状況にあった。いつまでも施しをすることはできず、そのうち何も恵んでくれなくなった。

年長の子らは人手不足の農家や中産階級市民の家庭の手伝いをして、食べ物などを持ち返ってくることができた。運のよいグループの子らは地方の篤志家や修道院、宗教関係者の善意で食料や衣服の寄贈を受けることもあった。だが、多くの子は堪え切れぬ飢えに負けて、畑からは作物を、農家に忍び込んでは食べ物を盗み、必死に逃げ戻ったりしていた。

だが、彼らの誰もが持ち帰った食料は決して一人占めにすることはなく、グループ全員で均等に分けあって食べた。この子供どうしの強い連帯感は、やがて故郷に戻る最後の日まで維持され、それが彼らのサバイバルを可能にしたものであった。

では、その間、引率の教師たちはいったい何をしていたのかという疑問が浮かぶ。オルガによれば彼らも子供たち同様、目の前に突きつけられた厳しい現実をどうすることもできなかったという。責任感の強い教師は自分の結婚指輪など貴重品を換金してまで子供たちの食料確保に奔走した。だが多くの教師は食べるためにほかの職業に就いたり、行方をくらます者、なかには自分一人だけどうにかしてペトログラードに戻った者さえいたらしい。

子供たちを探しに来た二人の父親

八月末頃、音信不通となった子供たちを心配した親たちが、自主的に捜索隊を現地に送ろうとした。だが、当局の許可がなかなか下りなかった。そのうちに彼らの代表として二人の父親が戦地の最前線をどうにかかいくぐり、子供たちの居留地の一つにたどり着くことができた。

その一人、アルブレヒトという父親はしばらく居留地に留まった。彼の二人の娘が子供たちの中にいたので、すぐ戻るには忍びなかったからだ。姉のタチアナは一五歳、妹のアナスターシャはわずか七歳だった。だが、ペトログラードの親たちに子供たちの消息を早く知らせなければならない。心を鬼にして子らを残し出立した。

別れ際になって、下の娘が泣き出し、どうしても一緒に帰りたいと父親に懇願した。しかし、彼としては自分の子供だけ連れ帰るわけにはいかない。必ず迎えに来るからと約束し、ようやく娘をなだめることができた。だが、かわいそうなことにこの七歳の娘は後日、米国赤十字が移送したウラジオストクで病死する。結局、上の娘だけが陽明丸で帰郷できたのだが、父親は「アナスターシャに泣いてすがられた、あの日のことを思い出すと胸が張り裂ける」と生涯苦悩したという。

アルブレヒト自身、筆舌(ひつぜつ)に尽くしがたい旅の末に居留地にたどりついたのだが、帰りはもっと大変だったらしい。帰路の途中、白軍と赤軍の双方に捕まり、スパイ容疑で銃殺されそうになったが、かろうじて逃れることができた。とにかく、行きも帰りも日本列島を縦断する以上の大変な距離である。無事にペトログラードに戻れたこと自体が奇跡であったと、オルガも述べている。

この二人の父親に同行した赤十字関係者のスウェーデン人牧師が、国際赤十字による子供たちの保護と、全員が汽車でペトログラードに戻れるように各所に働きかけたが、不調に終わった。

そのうちに秋が訪れ、気温は急速に下がりはじめた。ロシアの冬将軍の猛威は半端(はんぱ)ではない。このウラルの地はシベリアへの入り口にすぎないが、それでも真冬は零下二十数度まで気温が低下する寒冷地である。秋であっても夜間から早朝にかけては相当に冷え込む。暖炉の燃料もとぼしく、学校の教科書さえすでに燃やされていた。彼らのように何も持たない、無防備な弱者にとって、ロシアの冬は確実な死を意味した。

米国赤十字の救助活動

まともな食べ物、着る物は不足し、子供たちはぼろきれにくるまりベッドに横たわって体力の消耗を防いだ。迫りくる死の恐怖に怯（おび）えながらも、子供たちは決して絶望することなく、全員が一致団結して、この状況を耐えていた。

だが、神は憐れな子羊たちを決して見捨てることはなかった。このウラルの森をさまよう「謎の子供集団」の話は噂となって、口伝えで次第に広まっていたのだ。おそらく、彼らを目撃したチェコ軍団兵がウラジオストクに移動した際にもたらした見聞情報であろう。

秋も深まり、体の芯まで突き刺さる寒さと空腹で、ここまで耐えぬいた子供たちもさすがに絶望しかけていた頃、ロシア国内で救済活動をしていた、あるＹＭＣＡ関係者によって発見された。すぐさま早急な救援要請がウラジオストクの米国赤十字シベリア救護隊に打電された。

やがて各グループの子供たちのもとに救護隊員が順次到着、本格的な救援活動が始まった。

The house in which the colonists lived in the town of Petropavlovsk (now the territory of Kazakhstan). *Present-day photo*

The gymnasium building where the senior girls lived in Petropavlovsk. *Present-day photo*

Yuri Zavodtchikov

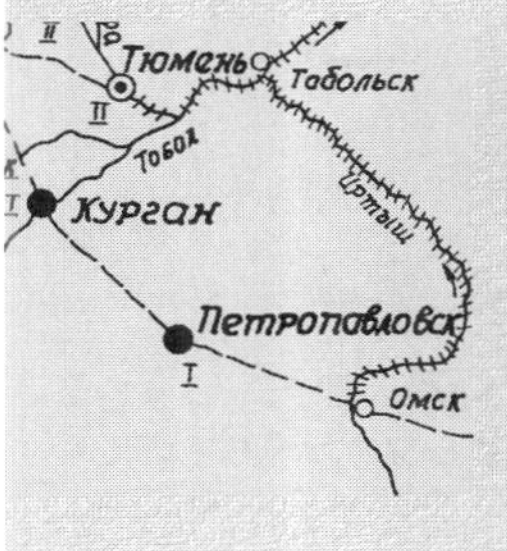

(Olga Molkina)

写真上は子供たちが分散して過ごした住居の一部（撮影時期は現代）。右上のユーリという名の少年は、のちにグループの一員であった少女と結婚し、オルガの祖父となった人物。下の集合写真はユーリの所属していた小グループが幸運にも近隣の裕福な篤志家に衣服を贈られた際に撮影されたものらしい。みな暖かそうな防寒服に身を包んで満足そうだ。

豊富な救援物資もシベリア鉄道経由で運ばれてきた。子供たちの体力は飢えと寒さで相当に弱っていたが、米国赤十字の医療と救援物資で急速に回復した。

彼らはウラルの疎開地一帯でそのまま数カ月を過ごしたが、この間、救護隊の手厚い保護を受けた。

こうして子供たちの多くは、米国赤十字シベリア救護隊に危機的状況から無事救助された。米国赤十字は、そのまま子供たちを疎開地に滞在させることにした。その理由として、まず十分な休養が子供たちに必要なこと。そして、内

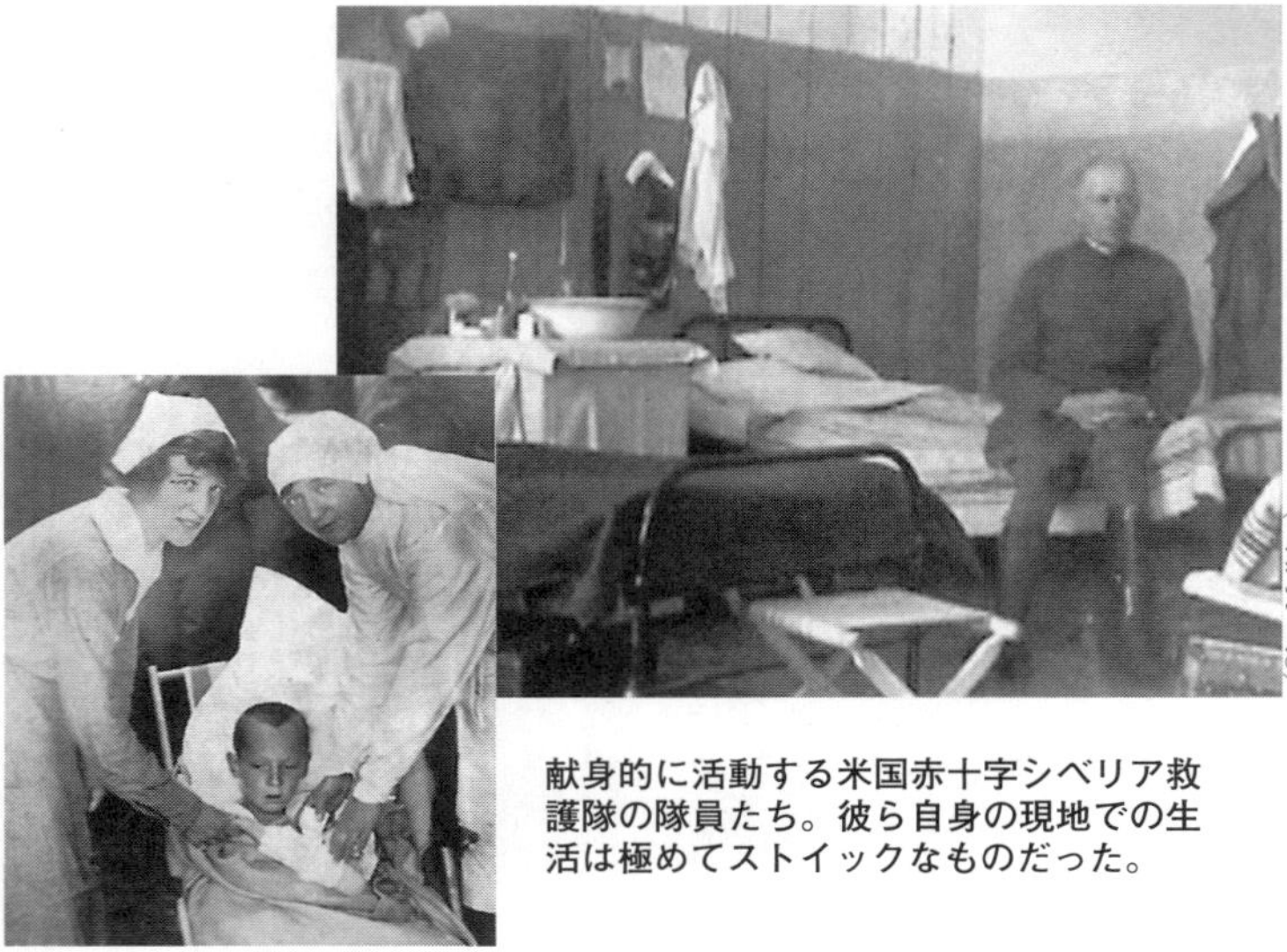

(Olga Molkina)

献身的に活動する米国赤十字シベリア救護隊の隊員たち。彼ら自身の現地での生活は極めてストイックなものだった。

戦の帰趨をしばらく見なければ、保護した子供たちの最終的な処遇を決められなかったからと推察される。

子供たちの生活は以前とは比較にならないほど、楽しく充実したものとなった。栄養不良でやせ細っていた身体は、子供らしい生命力でめきめきと回復し、血色も見違えるほどよくなった。

シベリア救護隊の手厚い保護は、単に衣食住の面だけではなかった。彼らの救援活動は、いかにも豊かな文明国アメリカらしいものであった。子供たちの健康維持に必要な医療はもちろん、教育やレクリエーションまで含めた生活全般まで徹底していた。

救護隊は、教師を含めて新たに多くの現地ロシア人を臨時雇用して、子供たちの世話にあたらせた。もう死ぬほど飢えることはなかったし、物乞いや盗みをする必要もなかった。猛烈な寒さに震えることなく、暖かい衣服が全員に支給されていた。戦場に取り残され、極限のサバイバルを強いられた頃に比べると、天国のように感じられた。

米国赤十字シベリア救護隊は、米国政府の要請で、聖路加国際病院（東京・中央区）の創設者・初代院長であったルドルフ・B・トイスラー博士が率いていたものだった。

トイスラー博士の人道主義の強い信念に基づき、彼らは軍民を問わず、救援や緊急医療を必要とした者たちに分け隔てなく手を差し伸べた。救護隊の中核となる米国人スタッフは、その多くがボランティアであった。彼らは、赤十字の人道主義精神を自ら実践すべく、熱い心を抱いて米国本土や世界各地からシベリアにやってきた人々であった。

(Olga Molkina)

ライリー・H・アレン。シベリアに来る前はハワイの新聞社に勤めていた花形ジャーナリストであった。志願して、米国赤十字シベリア救護隊広報官として着任し、1918年11月から精力的に活動を始め、のちに隊長代理として救護隊の指揮を任された。人格識見に優れ、トイスラー博士の信任が厚かった。ウラルの子供たちの救援活動は、アレンが深く関わり、指揮を執った。

その中の一人、ライリー・H・アレンが、救護隊長代理として、以後の子供たちの移送を実行する。陽明丸による地球一周の大航海を企図し、実現させたのも彼である。

シベリア鉄道でウラジオストクへ

一九一九年、ウラルの短い夏が終わる頃——米国赤十字救護隊の保護を受けながら、疎開地で十分な休養をとった子供たちはウラジオストクに移送されることになった。

八月下旬、各グループの子供たちは白軍コルチャーク政権の拠点都市オムスクに全員集められた。そこから米国赤十字が手配した特別列車でユーラシア大陸の東の果て、ウラジオストクに向かった。

その時のアレンの判断は、危険が増しつつあるウラルから子供たちを安全なウラジオストクにいったん移送し、内戦の推移を見ながら、赤軍白軍どちらであろうと最終勝利した当事者に子供たちを委ねようというものであった。

アレンは、夏のうちに移送を完了させたが、この判断は結果的に正しかった。なぜなら、そのわずか三カ月後の一一月、オムスクは赤軍の大攻勢によって陥落してしまったからだ。白軍やチェコ軍団の敗残兵、避難民あわせて数万人が冬季シベリアで悲惨な退却行を強いられたからである。もし、その時期までウラル周辺に留まっていたら、再び戦闘に巻き込まれていただ

ウラジオストクに向かう途中の駅での停車中の様子。

(Olga Molkina)

ろうし、汽車で逃げるにも小児集団の移動はまず不可能であり、手遅れであっただろう。その意味でも、実にきわどいタイミングであった。

再びオムスクからウラジオストクまで六千キロ以上のシベリア横断の長旅が始まった。今回は頼りになる救護隊の隊員たちが付き添っていてくれたが、赤白内戦は、その頃はシベリア全域にまで広がっていた。当時のシベリア鉄道の線路はほとんどが単線で、内戦のさなかゆえに列車のダイヤはまったくあてにならなかった。

ウラル以東のシベリア鉄道は、それまでは主としてチェコ軍団が支配していたが、この頃から出兵各国の共同監理（かんり）に移行していた。軍隊や武器、軍需物資等の輸送が最優先されていたので、運悪くそれらとぶつかると、駅で数日も待たされるのはざらであった。また線路が各所で赤色パルチザンに破壊されたので、汽車は往々にして立ち往生し、そのつど応急修理しつつ遅滞しながら東方に進む旅であった。

東シベリアに入ると、機関車の燃料も不足したので、線路沿いの農家と交渉し、乾いた薪や廃材などを少しずつ買い付けて燃料とした。だが、火力が弱く機関車の出力不足で傾斜面では相当苦労したという。

紙幣は、革命政府のものであろうと、旧帝政や白軍政府のものであろうと、農民たちは信用しないので、救護隊は貨車につんだ救援物資で彼らと物々交換を行なった。

結局、オムスクを出発してウラジオストクに着くまで三週間以上を要した。

中立国を経由して家族と文通

九月に入って、ようやくウラジオストクに到着した。子供たちはいくつかのグループに分かれて市内の施設に収容された。その主要となった宿舎は、ルースキー島の旧海軍兵舎であった。ルースキー島はウラジオストクが位置する半島の突端部にあり、地勢上、比較的安全な場所と考えられた。

ウラジオストクはロシア全土の東の果てに位置していたから、ほぼ西端のペトログラードから来た子供たちにとっては初めての地であった。故郷の古都とは趣がかなり異なっていて、子

ウラジオストクでは子供たちの教育がおろそかにならないよう、学校の授業はきちんと行なわれた。

供たちには、見るもの聞くもの、すべて珍しいものばかりだった。

この地でも、シベリア救護隊は彼らにこれまで同様の保護を継続して行なった。市内には、米国や日本など各国派遣軍が駐留していたので、ほかの都市に比べて治安は悪くないはずだったが、それでも市内ではテロ事件や凶悪犯罪が絶えなかった。

陽明丸で海上に脱出する日までの約一〇カ月間、彼らはこの地で過ごすことになるが、ここで、彼らにとって大変嬉しいことが起きた。久しく絶えていた親たちとの文通が一部可能になったのだ。もちろん、郵便は赤軍白軍それぞれの支配地区を越えて届くことはあり得ない。アレンの妙案で、手紙をいったん米国に送り、中立国スウェーデンやエストニ

(Olga Molkina)
子供たちのオーケストラも結成されて練習に励んだ。

アを経由して、ペトログラードの親たちに届けるというものだ。おそろしく遠回りな方法だが、意外とこれがうまくいった。

親たちは行方不明のわが子が救助され、手厚い保護下で生活をしていることを知り、深く安堵した。だが、こういう文通がかろうじて続いたのは、ソビエト当局が警戒して国外からの郵便物の規制を強めるまでの間だけであった。

ペトログラードでは、食糧事情は依然として悪く、大勢の市民が餓えや病気で苦しんでいた。当局とすれば、「米国帝国主義に拘留されている子供たち」が、市民よりずっと恵まれた生活をしていることを知られるのは不都合でもあっただろう。

救いの神「勝田銀次郎」

子供たちがウラジオストクで安全に過ごしてい

た間にロシア情勢は激変していた。一九一八年の晩秋に、オムスクの白軍政府を大攻勢で倒した赤軍勢力は、翌一九年の春にかけてシベリア方面でも急速に勢力を拡大していた。やがて極東ロシア方面にも押し寄せて、ウラジオストクなど拠点都市を脅かす勢いを見せていた。

アレンたちが頼りとする米国軍は四月に全面撤退しており、市内には日本軍のみが駐留していた。ちょうどその頃、「尼港事件」の惨劇が起きた。

シベリア沿海州のニコラエフスク。ここで約七百人の日本軍守備隊および在留邦人が包囲され、地方パルチザン軍に惨殺されたのだ。しかも、この時に殺戮されたのは、日本人だけではない。白系と疑われたロシア人市民も数千人が虐殺され、ニコラエフスクは街ごと焼き払われて、廃墟と化した。

この惨劇は日本国民を憤激させた大事件であり、現地のアレンたち米国赤十字にも、強い衝撃を与えたはずだ。状況判断を一つ誤れば、同様な危機に見舞われることになる。

赤軍と日本軍との全面的な戦闘に巻き込まれることを憂慮したアレンは悩んだ末に、一大決心をした。子供たちを船で、米国経由で帰郷させることにしたのだ。太平洋と大西洋を越えて北欧方面に向かう大航海である。

レーニン政府の敵、シベリア派遣米軍に保護されていた子供たちは、赤軍勢力にとっては不愉快な存在であった。もし彼らに身柄を引き渡されると、子供たちはどうなるかわからない。

それこそ、天国から地獄に突き落とされるようなものだ。

そんな事態になることは絶対に避けなければならない。アメリカ人の良心にかけて、彼らを両親のもとに直接送り届けなければならない。早速、アレンはウラジオストクに出入りする船会社に片っぱしから傭船を依頼した。ところが、ことごとく断られてしまった。運ぶのは「特別の積み荷」であったうえ、各国の政治的思惑もからんでいたからだろう。

そこで、頼みの綱の米国政府に緊急要請したが、自国政府も、やはり適当な口実を作って、ていよく断ってきた。アレンの憤りは頂点に達したが、文字通り八方ふさがりの状況で内心焦っていた。ここにきて子供たちに再び危機が迫った。

当時、モスクワ政府はウラルの子供たちは米国赤十字に不当拘留されていると内外に宣伝していた。そして、アレンたちシベリア救護隊は子供たちを勝手に国外に連れ出そうとしていた。ロシア人の子供たちは緊急保護されたといえども、一応はモスクワ政府側の市民である。

国際法上は、少なくとも国外に出すには、親やモスクワ政府の同意を得るプロセスが必要であったはずだ。ゆえに国外脱出に協力した場合、モスクワ側から「米国帝国主義者の小児集団拉致（らち）事件」の「共犯」と非難される恐れがあった。このような事情から各国政府および海運業者が助力を断ったのではないだろうか。筆者は、肝心の米国政府が二の足を踏んだのも、まさにこの点であろうと推察する。

航行中の陽明丸。その外観は船長手記の描写に一致する。

この頃、東京に戻っていたトイスラー博士の尽力で、ようやく救いの神が現れた。神戸の船舶王、勝田銀次郎の快諾を得て、どうにか陽明丸という貨物船を確保できた、というのだ。

同船は一万六七九(載貨)重量トンという、まずまずの大きさ。しかも、前年の大正八(一九一九)年に竣工した新しい船である。

一九二〇年七月九日、茅原基治船長率いる陽明丸がウラジオストクに粛々と入港した。船は威風堂々と「煙突に赤十字旗、船側にはアメリカン・レッドクロス(注:AMERICAN RED CROSS)と大書し、メインマストに米国国旗と赤十字旗を連掲し、船尾には大日章旗を翻して」いたことが船長手記で述べられている。

その前に、貨物船から改造客船に変える一カ月余の突貫工事を終えていた。改造されて設けられたのは、子供たちや帰還兵の集合船室や救護隊員たちのキャビンなどである。ほかにもシャワー室や簡単な手術までできる医務室なども備わっており、長期間の航海と子供たちの健康管理のために配慮されていた。

待ち切れずに埠頭まで出迎えた子供たちは、船を見ていっせいに歓呼の声を上げた。

オルガはのちに、われわれが招待した日本国内での講演で、その時の様子を次のように語っている。

「子供たちは、その船の到着を心から待ちわびていました。まるで、自分たちを救い出すために、お伽の国からやってきた魔法の船のように思えたのです。子供たちは、陽明丸を見て歓声を上げ、はしゃぎ回りました」

魔法の船「陽明丸」

一九二〇年七月一三日午前四時三〇分。子供たちの魔法の船「陽明丸」はウラジオストクをようやく出港した。

約一〇カ月間、世話になったウラジオストクに別れを告げた。大勢の子が涙ぐんでいた。混迷の極みにあるロシアといえども母国は母国。何よりも代えがたい聖なる祖国である。

やむを得ずとはいえ、母なるロシアを離れるのは、子供心にもやるせなかったであろう。薄明の湾内に白い航跡を残し、約一万トンの改造貨客船は外洋に向けてゆっくりと突き進んだ。その日、海上一面には濃霧がたちこめていた。

こうして日本からやって来た魔法の船に乗って太平洋を越え、パナマ運河を抜け、大西洋を渡る大航海が始まったのだ。

子供たちに不安はあっただろう。だが、これまで幾多の極限状況でも、驚異のサバイバル能力で逞（たくま）しく切り抜けてきた。むしろ未知なるものへの冒険に心がときめいていたに違いない。

そして、何よりも彼らを守っているのは、穏やかだが頼りになるアレンとその仲間たち。何が起こっても、アレンなら僕らを必ず故郷に帰してくれる。そう固く信じていた。

陽明丸の船客の内訳は、米国赤十字の記録によれば次のとおり。

- ペトログラードの子供たち（男子四二八人、女子三五二人）計七八〇人
- 米国赤十字スタッフ（男性一三人、女性四人）計一七人
- 教師など、米国赤十字に臨時雇用されたロシア人（男性一〇人、女性七五人）計八五人
- 戦争捕虜など、ドイツ、オーストリアなど各国の帰還兵七八人

総計九六〇人である。

ここで子供たちの総人数は七八〇人となっているが、ペトログラードを出発した時の人数、

(Olga Molkina)

陽明丸船上でくつろぐ子供たち。なかには危険な高所のロープに昇って遊ぶ少年もいた。写真左下の少女は右がオルガの祖母となったオルガ・カポソワで、後年仲間のユーリと結婚した。左は姉のゼーニャ。

八九五人とは一一五人もの差がある。この一一五人はいったいどこに消えたのか？

　この点についてオルガに訊ねてみたが、当時は内戦の混乱のため記録が乏しく、そのあたりの事情は調べてもはっきりとはわからないという。

　彼女の推測では、ウラル滞在期からウラジオストク出発までの長い期間にどこかで脱走したり、その地の親戚・知人に引き取られたり、あるいは不幸にも餓死や病死した子供が、この一一五人という人数のようだ。

　帰還兵たちも米国赤十字に臨

時雇用され、航海中は炊事や給仕、雑役を担った。

これに対して、乗組員は茅原基治船長以下、日本人六十余名であった。船客全員の国籍だが、船長手記によれば、ロシア、米国、ドイツ、オーストリア＝ハンガリー、チェコスロバキア、フィンランド、ポーランドなど実にさまざまであった。

つまり陽明丸には一千人を超える、多国籍の大世帯が乗っていたわけだ。ペトログラードの子供たちには、まるで聖書のノアの箱船のように感じられたことだろう。悲惨と混迷の大地ロシアから、自由の大海へと船出した陽明丸。彼らにとってまさしくノアの箱船そのものであった。

初めての日本――室蘭市民と交流

ウラジオストクを出港した翌々日の一五日昼頃、陽明丸は北海道の室蘭に入港した。船内の改装設備に一部不備が見つかったので、その応急修理のためだった。また、この先は長期の航海なので、新鮮な食糧をたっぷり積み込む必要があった。

寄港中の待ち時間を利用して、子供たちを船から下ろし室蘭市内を見物させることにした。だが、上陸許可を申請した同市の水上警察署の係官は首を縦に振らなかった。パスポートを持たず、おまけに赤色ロシアから来た連中だから、入国させるには具合が悪いというのだ。見か

室蘭の武揚小学校では全校児童がロシアの子供たちを歓待し、楽しい時間を過ごした。

ねた茅原船長が間に入り、彼が個人的に保証するということで、ようやく許可が下りた。

生まれて初めて降り立つ日本であった。好奇心旺盛な子供たちは喜び勇んで市内の見学に出かけた。

当時の室蘭港周辺の市民や、訪れた室蘭の武揚小学校では全校児童が彼らを待ち受けて歓待した。仲良く、互いに自国の歌を披露したり、体育を観戦したりして、子供どうし無邪気に交歓した。

「街の通りを、透きとおるような白い肌に金髪碧眼(へきがん)の子供たちの一団が、嬉しそうに風のように駆け抜けて行ったのを、昨日のことのように覚えております」

室蘭の人々にはよほど印象的だったのか、そういう話が、ほぼ一世紀経た今日まで伝わっている。

また、日本の子供たちや市民から絵葉書などたくさんの贈り物をもらった。彼らはペトログラードに帰郷するまで、ずっと大切に持ち続け、それらは貴重な思い出として、その後、子供たちが築いた家庭でも、世代を超えて保存された。

独裁者スターリンの恐怖政治の時代は、こんなものを持っているだけで相当に危険であった。いくら子供の頃であっても、「国禁を破り、無断で資本主義の米国や日本を旅した証拠」とみなされたからだ。

だが、ソ連時代、彼らは危険を冒してでも、これらをずっと大切に守りとおした。

航海中も勉強する子供たち

船は室蘭を出港し、太平洋に出て、まずは米国に向かう長い航海に乗り出した。

陽明丸の航海は順調に進み、室蘭を発って二週間ほどで、米国西海岸のサンフランシスコに到達する予定だ。サンフランシスコでは子供たちは上陸して市内を見学することになっていた。

子供たちは米国赤十字から少ないながらも小遣いを与えられていた。だが、ウラルを放浪中、食べ物を買うにも使えるお金がなく、生き延びるだけで精いっぱいだった彼らだ。上陸時

(Olga Molkina)

陽明丸の日本人船員。２枚の似顔絵はワーリャという子供が描いたもので、夏服の日本人船員は運転士（航海士）の一人だろう。その下の男性はブラムホール隊員だろうか。

にお土産を買いたいと思っても、きっと遣うのをためらうだろう。そういう不憫（ふびん）な思いをさせないために、救護隊員たちは仲間内のカンパによって、ポケットマネーの小銭を集めた。

　集まった小銭は、子供たちの年齢に応じて、一人あたり五〇セントから一・五ドルが分配された。

　シベリア救護隊は子供たちが難民であっても、教育については決しておろそかにしなかった。教育こそは人間の義務であり、権利であるという確固とした理念に基づき、彼らの救護プログラムに組み込まれていたのだ。

(Olga Molkina)

米国赤十字シベリア救護隊の隊員たち。いちばん手前がアレンの右腕であり、財務担当のバール・ブラムホール隊員。左奥の２人は日本人船員。

子供たちは船上でも規律正しく各教科の授業を受けていた。このことだけでも、当時の米国は、実に尊敬できる面が多々あったことがわかる。

また、子供たち全員にナンバー入りのメダルが渡された。一人ひとりに固有の連番が与えられ、乗船下船時に必ずチェックされた。行方不明者が出ないようにとの配慮で、この番号入りメダルで全員が管理されていた。

航海中、船上では避難訓練がしばしば行なわれ、子供たちのライフジャケットにも、固有の番号が記入されていた。

乗船者には三歳の子供も含まれていたが、オルガによれば、疎開した子供の一人ではなく、彼らを引率していたロシア人教師の子供ということだ。その教師が二年前にペトログラードか

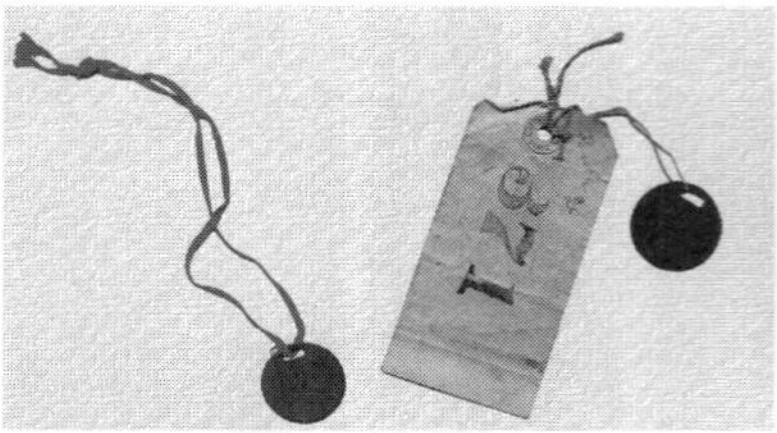

子供たちに渡されたナンバー入りメダル。

陽明丸には３歳の子供も乗船。

船上での避難訓練。

小遣いを渡される子供たち。

(Olga Molkina)

サンフランシスコ上陸に備えて船上で記念撮影。

ら引率してくれた人物かどうかは定かではないが、困難な境遇の中で生まれ育ちながらも、ロシア人らしい強靭な生命力を感じる。

サンフランシスコでも大歓迎

濃霧のウラジオストクを出港してから一九日目。一九二〇年八月一日、陽明丸は無事に米国西海岸のサンフランシスコ港に到着した。

室蘭出港以来、濃霧の日が続き、そのため茅原船長は「天文測量はできず、ただ羅針儀と測程器とで位置を推定するほかなかった」と手記で述べている。幸いなことに、到着前日の七月三一日は久しぶりに霧が晴れていた。天恵であったかもしれない。

ついに、アレンたちの母国、自由平等の国アメリカにやってきたのだ！　ロシアの子供たちは初めて見るアメリカ合衆国にただただ興奮し、嬉しさのあまり、船内を駆け回った。

子供たちの第一印象が米国側の記録に残されている。

「僕たちの故郷ペトログラードは荒れ果てて、すごく汚くなっていた。それに比べて、このアメリカの街並みはどこを見てもピカピカで、なんて綺麗なんだ！」

点呼のあとに下船し、子供たちは米国の土をしっかりと踏みしめた。

時期は真夏であり、この年は例年にない猛暑であった。次ページの写真でわかるように、年長の子供たちは日本の団扇で涼をとっている。おそらく室蘭の人々からのプレゼントであろう。

この日から四日間、子供たちは市内の金門公園（ゴールデンゲート・パーク）に近い、陸軍の兵舎「フォート・スコット」に宿泊することになった。

停泊中、陽明丸は燃料の石炭と食糧を積み込む必要があった。アレン隊長だけは汽車で米国東部の首都ワシントンに向かった。陽明丸の次の寄港地はニューヨークなので、米国赤十字本社で幹部たちと子供たちの処遇について協議するためだった。

サンフランシスコ市内を揃って歩く子供たち。見るもの聞くものすべてが珍しく、どの子も眼をキョロキョロさせている。

(Olga Molkina)

ロシアの子供たちの年齢は５歳から15歳まで幅広い。年長の子供たちが団扇（うちわ）を手にしながら市内への上陸を待っている。

茅原船長の手記によれば、サンフランシスコでも子供たちは市民の大歓迎を受けた。市長自ら歓迎したほど、盛大なものであったらしい。贈り物もたっぷりもらったようだ。このように数日間、久しぶりの陸上生活を楽しみ、子供たちは全員、陽明丸に戻った。

だが、船長は手記の中で、「大サンフランシスコの盛況、市長の歓迎、多数の慰問品などを、室蘭のそれと比較して、アメリカは大きいとの口吻を、子供らから聞かされた船員は、せめて室蘭でなく函館に寄港していたならと嘆いた」と憮然と述べている。

これは、日本人として米国に負けたくないという、愛国心の強い茅原船長自身の心情でもあったことだろう。

八月五日、陽明丸はサンフランシスコを出港した。

次の寄港地は北米大陸の反対側、東部のニューヨークである。航路はパナマ運河を通過しなければならない。

陽明丸はしばらく海岸沿いを南下した。その雄大な風景に「子供たちは船べりで終日見とれていた」と船長は書き記している。

岩礁に打ち寄せる巨大な荒波、浜辺でたわむれるアザラシの群れ、上空を舞う白い海鳥。海岸のはるか彼方には、途方もなく広い西部の大草原が広がっているのが見えた。

やがて、船はメキシコ沿岸から中米に差しかかり、あまりの熱暑に子供たちの中には体調を崩す者が出てきた。

「約二十人ばかりが日射病にやられた」と、心配した船長の記録が残る。

北欧に近いペトログラード生まれの子供たちにとって、あまりにも強烈な暑さであった。だが、幸いなことに軽症で済んだらしく、「二、三日で全快した」と手記にある。

八月一八日、船はようやくパナマ港に到着し、すぐに石炭や生鮮食料品を積み込んだ。パナマは環境が適さず、念のために子供たちを上陸させなかったが、現地の人々からの歓迎の訪問を受けたようだ。

パナマ運河を見るのは当然、初めてだったので、子供たちも運河通航の様子を興味津々(しんしん)で眺めた。パナマ運河はそのわずか六年前の一九一四年に開通したばかりで、この当時は最新の大がかりなハイテク設備であった。

米国赤十字の決定に不満爆発

陽明丸はかなりの大型船であったが、パナマ運河の通過に支障はなかった。八月二〇日、大西洋に抜けた陽明丸は、ニューヨークに向けて北上した。

ところが、二二日、ワシントンの米国赤十字本社から、やっかいな知らせが無線電信で陽明丸に飛び込んできた。

パナマ運河通航時の子供たち。皆にぎやかな様子で、見物に夢中である。

(Olga Molkina)

パナマ運河の閘門（こうもん：水位の異なる運河で、船舶を昇降させる装置）内に収まっている陽明丸。

サンフランシスコから汽車でワシントンに向かったアレン隊長は、米国赤十字本社で幹部たちと協議し、次のような方針が決定されたというのだ。

「陽明丸は直接ペトログラード方面に向かわず、フランスで当分の間、停泊する。その間に子供たちを滞在させて給養し、親たちとの接触を試みる」

この方針が陽明丸に伝えられると、救護隊を除く全乗客に思いがけない不満と反発が巻き起こった。真っ先に反対の意見を表明したのは、ロシア人教師たちであった。

彼らの代表者が救護隊幹部に面談を要求し、次のように抗議した。

「わが祖国は、ポーランドと戦争中であり、その敵国を軍事支援しているのがフランスである。そのフランスに留まれば、われわれ教師や子供たちは彼らの人質となり、行動の自由を奪われるであろう。そのような事態は断固拒否する。陽明丸はペトログラードに直行すべきである。もしわれわれの要求を拒むのであれば、子供たちを連れて全員ニューヨークで下船する。もう決して船には戻らない」

この強硬な抗議に動揺した船内の救護隊幹部は、ワシントンの本社に報告して指示を仰いだ。

その結果、「フランス滞在の方針は、ニューヨークに着くまで、しばらく保留とする」との返電があり、かろうじて不満の爆発は収まった。だが早急に解決しなければならないやっかいな問題であることに変わりはなかった。

ロシア系米国市民のプロパガンダ攻勢

パナマ運河を抜けて八日目の八月二八日早朝、陽明丸はニューヨークに入港した。米国の象徴、九三メートルの「自由の女神」がそびえる港口には、まだ朝霧がかかっていた。

ニューヨーク市民たちは、ペトログラードの子供たちの到着を新聞報道で事前に知らされていた。港に出入りする地元の小型船は、次々と歓迎の意を表す気笛を鳴らして通り過ぎた。

室蘭、サンフランシスコ、そしてニューヨーク。子供たちにとって、これまでの寄港地では上陸するたびにワクワクする楽しいことがあった。今度のニューヨークは、今までのいちばんの大都会。だから、きっともっと面白いことが待っているに違いない。

子供たちの小さな胸は期待にときめいた。

噂に聞いた摩天楼の大都市ニューヨーク。どの通りも整然と美しく、まばゆいばかりにきらびやかであった。この地に、世界の富の半分が溢れ返っているような感覚を起こさせるほどだ。この頃の米国は、第一次世界大戦の特需で未曾有（みぞう）の好景気に沸いていた。

人種が微妙に異なる、大勢の男女の市民の群れが忙しそうに歩き回っていた。その多くが、ビジネスマンか勤労者だろう。誰もがこぎれいで、お洒落な洋服を颯爽と着こなしている。その一方で、生きるのもやっとのロシアの惨めな家族のことを思い出さずにはいられない。戦争や内乱が続き、薄汚れた服しか着ていないロシア人とは何という違いだろう……。

子供でも、「米国市民は勤勉に働き、自由を謳歌し、豊かな生活をしている」くらいのことは理解したであろう。市内の見学の折にそういう感慨にふけっていたかどうかは定かではないが、それに似た思いを漠然と抱いたとしても不思議ではない。

この時代のニューヨークとペトログラードを比べると、光と闇、富と貧、平和と暴力……。この極端なコントラストが子供たちの心に生涯残る強いインパクトを与えたに違いない。

ところが、ニューヨークで、ある深刻な事態が生じた。人種のるつぼといわれる米国は、この当時も今とまったく同じであった。戦争や内乱、革命などで祖国を去ったロシア系の人々が大勢、米国に流れ込んでいたのだ。

米国に定住していた彼らは、それぞれ出身地域、思想信条などが異なっていた。彼らは、それぞれ親睦団体を作り、なかには新聞まで発行している組織もあった。

米国に逃げてきたからといって、彼らがすべて反モスクワの白軍支持者というわけではなく、モスクワへの忠実な支持者から、穏健左派、中立派、立憲派、旧帝政派など、左から右まであらゆる政治的党派が揃っていた。このロシア系市民のさまざまな親睦団体は、それぞれの思惑で、子供たちの到着を待ちかまえていた。

この時代の人々には、自らの思想信条のプロパガンダに熱心な者が多くいた。そのため開催された「ウラルの子供たちとロシア系米国市民の交歓会」に、これら多くの「活動家」が紛れ

(Olga Molkina)

ニューヨークに到着後、子供たちは米軍の兵舎「フォート・ワッズワース」に収容された。

込み、子供たちや教師に無理やり議論をふっかけ、洗脳しようとした。

まず、モスクワから指令を受けていた赤色系活動家は子供たちに言う。

「米国赤十字はフランスで君らを降ろして、遠方の親たちと連絡をとり、いずれは故郷に戻すと言っている。これは真っ赤な嘘だ。いま祖国ロシアはポーランドと戦争をしている。君らはフランスが敵の後押しをしているのを知っているか？　君らの同胞を殺す武器や資金をせっせとポーランドに与えているのだ。だから、君らがフランスに行くと、すぐ捕まってロシアと戦わせるために兵士としてポーランドに送られるぞ。引率の先生は皆殺しにされて、女の子は売春宿に売られてしまう！」だから「フランスには行かず、ペトログラードに直接送還させる

(Olga Molkina)

在ニューヨークのロシア系市民の親睦団体との懇親会での様子。

よう救護隊に要求しろ」というのだ。

一方、白系ロシア側の活動家の言い分は、

「君らは暴力的な共産主義に支配されて、恐怖政治で大混乱のロシアに戻ってはいけない。フランスなんかに行かず、このまま米国で里親を探したらいいんだ。米国市民になって平穏に暮らした方が、よほど君たち自身のためなんだよ」

主義・主張がまったく正反対の双方から、子供たちのフランス行きをとにかくやめるよう、同時に吹き込まれたわけである。

これらのプロパガンダにあって、子供と引率教師は動揺し、仲間内で真剣に討議したようだ。彼ら同郷のロシア人か、自分たちを救ってくれた米国赤十字のどちらを信じればよいのか——実に悩ましい問題であった。

これらのプロパガンダに感化された子供の中には、市内で脱走する者も何人か出た。だが、その多くはのちに自発的に戻ってきたという。

アレン隊長の説得

フランスで子供たちをいったん下船させるという米国赤十字の方針には、彼らなりの理由があった。下船させるといっても、「あとは勝手にペトログラードに帰りなさい」というのでは決してない。

米国赤十字の欧州総局が得た情報では、彼らの親たちが多数、すでに国外とくにフランスに脱出した可能性があり、フランスで子供たちを滞在させている間に親たちを探して一緒にさせるという計画であった（この情報は虚偽ではなかったが、出国した親の数はごく少数だったことがのちに判明した）。

米国赤十字のヨーロッパでの中核をなす本部はパリにあった。フランスは当時の米国の最友好国。そして、アレン隊長は子供たちが最終的にペトログラードに戻れるよう、最後まで面倒をみるつもりでいた。

ところが、子供たちと引率教師の代表者数名が突然、こわばった表情で要求を突き付けてきた。

「われわれはフランスには決して行きたくないし、留まりたくもない。われわれの意に反してフランスに連れて行こうとする米国赤十字に抗議する！　フランスは祖国ロシアと戦争をしているポーランドを軍事支援している。そういう敵対国に、われわれは世話になりたくない。ペトログラード直行が望ましいが、それが無理なら、近くの中立国フィンランドに送り届けてほしい。われわれの要求が受け入れられないのであれば、アメリカから立ち去らない！」

応対した救護隊の幹部たちは怒り心頭だった。

「いくらなんでも、これが命の恩人に対する態度か！」

だが、アレン隊長は少しも動揺した様子を見せず、憤る幹部たちにいつもの穏やかな微笑を浮かべて言った。

「君たちの怒りはわからないでもない。だが、彼らは決して、われわれを敵と見ているのではない。見解をやや異にするが、いちおう味方だと考えているんだよ。そうは思わないか？　われわれ赤十字は決して強制力や権力ずくで救援活動をする団体ではない。ここは頭を冷やして冷静になろうじゃないか。彼らの祖国への思いと立場を尊重し、希望のコースに変えてやろうじゃないか」

いかなる状況でも常に冷静なアレン隊長の説得に、幹部たちは沈黙し、そして従った。アレンはこの提案をワシントンの米国赤十字本社に上申し、承認を得た。

こうして陽明丸の最終目的地はフィンランドに決定したのである。

悲しい事故

このような深刻な話とは別に、ロシアから来た子供たちはニューヨーク市民の間で評判になっていた。これまでの寄港地と同じく、親切な人々から多くのプレゼントが贈られ、歓迎行事に招かれた。

ある婦人から「私の養子にしてあげるから、このままアメリカに残りなさい」と迫られた子供もいた。また米国に帰化していた叔母から「あなたを引き取るから、ここで船を降りて私と一緒に暮らすのよ」と言われた子供もいた。だが、彼らはペトログラードにいる両親のもとに帰ると言って、その申し出を断ったという。

ニューヨークで過ごした日々は楽しいことばかりではなく、悲しいこともあった。子供たちの宿舎は軍の施設だったので、敷地の出入り口には衛兵が詰めていた。

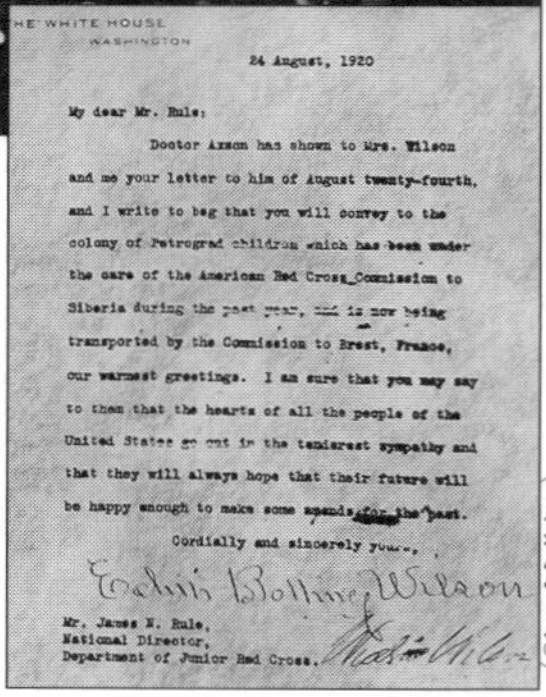

THE WHITE HOUSE
WASHINGTON

24 August, 1920

My dear Mr. Rule:

Doctor Axson has shown to Mrs. Wilson and me your letter to him of August twenty-fourth, and I write to beg that you will convey to the colony of Petrograd children which has been under the care of the American Red Cross Commission to Siberia during the past year, and is now being transported by the Commission to Brest, France, our warmest greetings. I am sure that you may say to them that the hearts of all the people of the United States go out in the tenderest sympathy and that they will always hope that their future will be happy enough to make some amends for the past.

Cordially and sincerely yours,

Mr. James N. Rule,
National Director,
Department of Junior Red Cross.

(Olga Molkina)

ニューヨークの巨大な文化施設「マディソン・スクエア・ガーデン」で行なわれた歓迎式典の様子。子供たちのために慰問コンサートも開かれた。右の写真は、子供たちへの歓迎の意を伝えるウッドロウ・ウィルソン米国大統領からの手紙。米国赤十字を通じて子供たち全員に手渡された。この大統領の手紙も、先にニューヨークに到着したアレン隊長の配慮によるものだった。

パヴェルという一四歳の少年が、衛兵の一人と仲良くなり、ときどき遊んでもらっていた。この兵士はロシア系米国人で、おそらくロシア語が話せたので衛兵に配置されたのだろう。

だが、ある時、二人でふざけている最中に兵士が持っていた小銃がどうしたはずみか暴発し、弾丸が少年の頭を貫通した。不慮の事故とはいえ、行程半ばで命を落してしまったのだ。子供たちは、苦労をともにしてきた仲間をまた一人失って深く悲しんだ。

実はパヴェル以外にもこれまでの長旅で死亡したり、行方不明になった子供が少なからずいた。これも厳しい現実であり、すべてがハッピーエンドというわけにはいかなかったのだ。

航海中に亡くなった一五歳の少女

約二週間を過ごした兵舎を出て、子供たちは隊列を組んで陽明丸に帰船した。いよいよ故郷のペトログラードは近づいているぞ！

(Olga Molkina)
船上でのスナップ。中央の青年は、オルガの説明では「米国赤十字の雇員」とある。

お父さんやお母さん、兄弟たちが待ちわびている！

帰ったら、話したいことが山ほどあるんだ！

子供たちの胸は期待で高鳴ったであろう。

一九二〇年九月一一日正午頃、陽明丸はニューヨークを出港、大西洋に出た。行き先は子供たちや引率教師の要求を受け入れて、フィンランド沿岸である。

ニューヨーク出港前の陽明丸。

出港間際の子供たち。その表情からは心なしか安堵している様子が見てとれる。カメラ持参の記者が多数押しかけたが、子供たちも写真慣れして、女の子たちはおすましのポーズを決めている。

(Olga Molkina)

フィンランドへの中継点、フランスのブレスト港に到着するまで二週間ほどかかった。この間に船内でまた悲しい出来事が起きた。ニューヨークを出港して数日後の九月一五日、アレキサンドラという一五歳の少女が耳の病気が悪化して、航海中に病死したのだ。

アレキサンドラは、ペトログラードを出発して以来ずっと、年少の子供たちの世話をしていた。ウラルでの苦しい生活にあって、彼女は幼い子供たちを必死に守り通した。時に彼らを励まし、勇気づけた。本当の姉のような、かけがえのない存在であった。年少の子供たちの悲しみようは、大変なものだった。

このような場合の古い慣習にならい、翌日水葬されることになった。アレン隊長の配慮で、悲しみにくれる年少の子供たちがやっと寝静まった、午後一〇時から執り行なわれた。

年長組以上の子供たち、救護隊員、帰還兵などすべての船客と船員が船尾甲板に整列し、葬儀が始まった。少年合唱による、ロシア正教の物悲しい葬送の聖歌が甲板に流れるなか、茅原船長が「ブロークンな英語で」夭折(ようせつ)した少女に祈りの言葉を捧げたと、米国側の記録に残されている。少女の亡骸(なきがら)は女性救護隊員手作りの装束に包まれ、重りの鉄棒が結びつけられた。さらに赤十字旗に覆われて木製の架台に乗せられていた。

午前零時、茅原船長が運転士(航海士)に指示を与え、船のエンジンを切り、船首を北に向けて停止させた。静かなる厳粛さのうちに少女の遺体は二人の船員の手によって、丁重に海に投下されると、幾重もの大きな波紋を広げ、やがて海中にゆっくりと没していった。暗闇のなか、甲板にたたずむ参列者の深い悲しみだけがいつまでも取り残された。

喪に服した子供たちは、鬱々として気持ちがなかなか晴れなかったが、船がヨーロッパに近づくにつれて、少しずつ気をとりなおしていった。

優しかったサーシャ（アレキサンドラの愛称）の思いを決して無駄にしてはならない。彼女の分まで、僕たちは頑張って、頑張って、絶対に故郷に戻るのだ！

機雷が敷設された危険な海

九月二五日、陽明丸は無事にフランスのブレスト港に到着した。ここでフィンランドまでの最後の航海のために石炭や食糧などを補給した。

三日後の二八日、子供たちの待ちきれない思いを察するかのように陽明丸は出港。やがて北海に入り、ユトランド半島のキール運河を通過し、バルト海まで一気に進んだ。

このバルト海、そしてフィンランド湾に至る海域は、ウラジオストクを出港して以来の最大の難所であった。なぜなら、ここは北海と同じく第一次世界大戦中、連合国海軍とドイツ海軍の激しい戦いが繰り広げられた海域で、夥しい数の機雷が敷設されていたからだ。

戦後二年を経過した一九二〇年になっても、この海域の掃海は不十分で、まだ多くの機雷が取り残されていた。古くなり劣化して浮遊する機雷もまた大変危険なものだ。機雷という兵器は、相当に厄介な代物だ。大きな軍艦でさえ、一発の機雷で海の藻屑になりうる。

ここは、茅原船長の指揮能力を頼るしかない。船長としての腕の見せどころである。さすがの米国赤十字も船長の采配を信じるしかなかった。茅原船長は、この海域の最熟練のパイロット（水先案内人）を選んだ。彼に案内させながら通常よりもかなり遅い速度で進んだ。全神経を海面に集中させて、慎重に船を進める。船客全員にとっても、これは大きな賭けであった。茅原船長は、その手記では詳しく述べていないが、心中かなりの緊張があったことは容易に想像できる。

一〇月六日、陽明丸はフィンランド湾の北岸にあるヘルシンキ港に無事到着した。ここでアレンたちはいったん下船し、フィンランド政府や同国赤十字と子供たちの処遇について交渉を行なった。

三日後の一〇月九日、陽明丸は、さらに湾の少し奥のコイビスト港（現在はロシア連邦領プリモルスク）まで航行し、翌一〇日、ようやく投錨した。

このコイビスト港こそ誰もが納得する最終目的地であった。細長いフィンランド湾のいちばん奥で、彼らの夢見る故郷ペトログラードが待っていた！

(Olga Molkina)

フィンランドに到着した陽明丸。

永遠の別れ

コイビスト港で子供たち全員と米国赤十字隊員を降ろした陽明丸は帰途についた。帰還兵たちは帰路のコペンハーゲン港で降ろされ、彼らも無事帰郷することができた。

子供たちが下船し、陽明丸に最後の別れを告げる時、茅原船長以下、乗組員全員が整列して見送った。子供たちの眼はうっすらと涙にうるんでいった。日本人乗組員たちも同様であった。これが、永遠の別れになることは互いに知っていた。

ロシアの子供たちは、極限の生活を生き延びてきた腕白坊主であり、時には若い船員と取っ組み合いの大げんかもした。なぜかそういう世話が焼けた子供に限って、余計に涙ぐんでいた。

航海中の三カ月間、陽明丸は快適な、彼らの唯一の住まいであった。幾度となく修羅場をかいくぐってきた子供たちにとって、初めて心が安らぐ場所であり、まさしくノアの箱船であった。だが、今はそれを記憶にしっかりと刻み込むしかないのだ。そして、この記憶は世代を超えて後世に伝えられることとなる。

その時の様子を、茅原船長は手記で感慨深く回想している。

「ウラジオストク出帆以来、寒暑を共にし、三か月交誼（こうぎ）の深かった乗組船員に、一行の誰もが、声を曇らせて、『さようなら』、『さようなら』と繰り返した」

第七章　ロシアの子供たちのその後

ソビエト政府との交渉

数奇な運命に翻弄（ほんろう）された子供たちであったが、ようやく故郷のペトログラードに戻ることができた。彼らがフィンランドで陽明丸を下船した後の経過について述べよう。

まず、子供たちを帰郷させる前に待機させておく施設が必要であった。

当時、米国はソビエト政府と正式な国交がなかったので、アレンは中立国であったエストニアやフィンランドを通じて、モスクワ側と交渉を始めた。

あれほどモスクワ政府の意向に逆らってきたシベリア救護隊である。ソビエト側がにこやかに感謝しながら、子供たちをすぐ引き取ることはあり得ない。煩瑣（はんさ）な手続きを要求してくることは目に見えている。だが、ここではシベリアと違って、国際赤十字や中立国が監視している

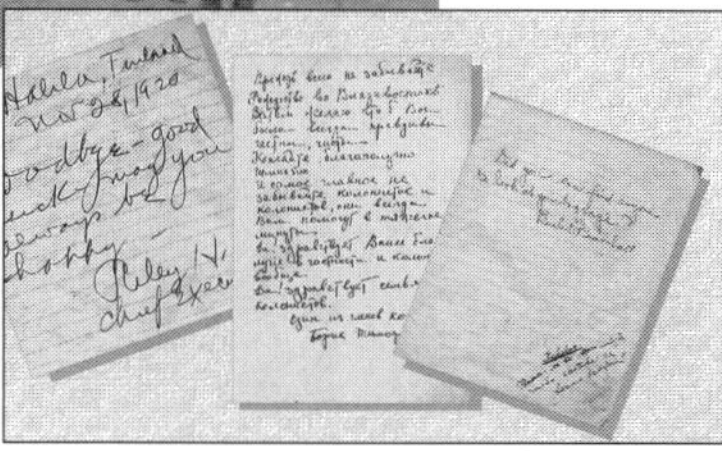

(Olga Molkina)

子供たちが滞在したハリラの旧帝室サナトリウム。右は少しずつ故郷に帰って行く子供たちが、まだ残っていた仲間に残したメッセージ。

ので黙殺したり、帰郷する子供たちを粗末に扱うことはできないはずだ。

　子供たちをしばらく待機させる場所は、フィンランド政府の判断で、国境に近い内陸のハリラという地に決まった。

　ここには、フィンランドがまだロシア帝国領であった頃、皇帝ニコライ二世が建てた帝室サナトリウムの宿泊施設が残っていた。このハリラもコイビストと同じく、第二次世界大戦など紆余曲折を経て、現在は再びロシア領である。実際にここを訪れたオルガの話では、一九二〇年当時の木製の建物の多くは残ってはおらず、昔日の面影はないが、今日でも市民のための療養

(Olga Molkina)

のちにオルガの祖父となったユーリ。このハリラで撮影されたもの。1918年にペトログラードを出発した時は15歳であったが、この時は18歳になっていた。２年半の放浪生活の間に、顔つきもしっかりして少年から大人へと成長していた。


施設として使われているらしい。

海岸部のコイビストからハリラまでは六〇キロほど離れており、その行程はかなり大変だった。子供たちは古いローカル線の汽車で途中まで運ばれたが、現地までは自力で歩かなくてはならなかった。二〇キロほどの道のりだが、みな必死で歩いた。でもこれまでのことを考えれば、それほど苦ではなかった。夢見る故郷にどんどん近づいているのを知っていたからだ。幼い子や体調のよくない子のためには馬車も用意された。

結局、このハリラの収容施設で、長い者で最長三カ月間、迎えを待たなければならなかったが、アレンたち数名の救護隊員がずっとそばについていてくれたから、心細くはなかった。

季節は秋であったが、ハリラは北欧なので寒さが厳しい。子供たちは薪（まき）で暖をとりながら、米国赤十字とソビエト側との交渉がまとまるのを辛抱強く待つしかなかった。

この間も、子供たちの生活が不規則で不健康にならないよう、救護隊はしっかりと日常生活を管理していた。

一〇月も終わる頃、久しぶりにうれしい出来事があった。ペトログラードの親たちから手紙が届いたのだ！　手紙は中立国を経由して送られてきたもので、救護隊員が馬に乗ってハリラの施設まで届けに来てくれた。ただし全員分ではなく、約二〇〇人ほどだ。

アレンは宛名を読み上げて、一人ひとりにしっかりと手渡した。受け取った子供たちは小走りで部屋の隅まで行き、むさぼるように手紙を読んだ。涙を浮かべながら、うなずきながら幾度も幾度も読み返す子もいた。

幸いなことに、第二便以降はほかの子たちにも手紙が届き始めた。

国境にかかる橋での引き渡し

一一月に入り、難しかったソビエト側との交渉がようやくまとまりだした。まず一三二人の子供たちの帰還が認められた。なぜ一度に帰還できなかったのか。ソビエト側は、一人ひとりの身元を厳重にチェックし、引き取る親族が確定した者から順次受け入れを認めたからだ。

出発前日、最初に帰郷する子供たちのお別れ会が開かれた。一三二人の子供たちは当然幸せだが、残された子供たちは寂しげであった。

一一月一〇日、アレン隊長に引率されて彼らは指定された、フィンランドとロシアの国境

（一九二〇年当時）の地に向かった。荒涼とした地に小さな川（セストラ川）が流れており、古ぼけた粗末な橋がかかっていた。川の向こう岸がロシア領だ。

やがて子供たちを引き取るための一隊が向こうからやってきた。どうも、普通の役人ではなさそうだ。なんと赤軍の一隊ではないか！　まるで戦争捕虜か脱走兵の受け渡しのようであった。おそらくソビエト側にしてみれば、「好ましからざる人物を不承不承引き取る」くらいに考えていたのだろう。

一人のいかめしい顔の政治将校（コミッサール）が橋の中央まで歩み出た。政治将校というのは、軍の各級部隊に配属された共産党員で、党のお目付役であり、強面（こわもて）の怖い存在であった。

同じく進み出たアレン隊長との直接交渉が始まった。アレンには、フィンランド人の通訳が付き添った。アレンは政治将校に、一三二人全員の個別データの書類を手渡した。名前や生年月日だけではなく、赤十字医官が診断した検診記録もすべて記載されていた。何らかの既往症がある子供は、帰国後も継続治療する必要があるからだ。

このように、子供たちの先々のことまで配慮するアレンの徹底ぶりには、実に頭が下がる。

間もなく、一人また一人と番号・氏名が読み上げられ、子供たちは橋を渡って行く。強面の赤軍兵士の出迎えにおびえたせいか、子供たちはうつむきがちであった。

(Olga Molkina)

国境にかかる橋を越える子供たち。

だが、それでもアレンの前を過ぎる時、一人ひとりがしっかり顔を上げ、彼の瞳をまっすぐ見つめて「ありがとう…」と最後の別れを告げた。その短い挨拶には、言いつくせない感謝の思いがこめられていたに違いない。

　全員が橋を渡り終え、子供たちが誰もいなくなったフィンランド側の橋のたもとで、アレンは気の抜けたように、しばらく茫然と立ちつくしていたという。

　こうして数回にわたって、子供たちは全員ペトログラー

(Olga Molkina)

国境近くの駅から出発したペトログラード行きの列車。子供たちはこれに乗って親たちが待つペトログラードに向かった。

ドの家族のもとに帰って行った。

最後の子供を送ったのは、年を越えた一九二一年一月二六日であった。いちばん最後の子供はペトログラードを送り出されてから、三年近くも歳月が流れていた。この年齢の子供の成長はとりわけ早い。親によっては、地球をひと回りして戻ってきた子が本当にわが子であるか信じられず、再会時に戸惑うシーンも見られたという。

成長して大人になった子供たちの中には学者、技術者、発明家、演劇家、音楽家、画家など各界で優れた功績を残すこととなる者も多くいた。権威のある国家表彰を受けた者も少なからずいた。

沈黙を守り続けた子供たち

その後、彼らの夢見た故郷ペトログラードは、革命指導者レーニンの名前にちなみ「レニングラ

(Olga Molkina)

ナチス・ドイツ軍に包囲され、危機が迫るレニングラード（ペトログラード）。

ード」と改称され、ソ連邦時代が長く続くことになる。

そして、海を渡った子供たちは、沈黙を余儀なくされた。ソ連時代にあって、彼らの体験、とりわけ陽明丸での大航海について語ることは許されなかった。

スターリン独裁体制下では、もっと些細な理由によって逮捕され、処刑やシベリア送りになるのは珍しくなかった。「国禁を破って、帝国主義の保護を受け、海外に無断渡航した連中」というレッテルは終生ついてまわり、肩身の狭い思いをしなければならなかった。家庭内であっても、用心して、その体験を決して語ろうとはしなかった。

つかの間の平穏の後、一九四一年六月にヒトラーのナチス・ドイツ軍が突如、ソ連に侵攻した。三個軍集団、約三〇〇万人の空前の大軍であった。今なお史上最大規模、史上最悪の戦争といわれる独ソ戦である。

レニングラードも、破竹の勢いで押し寄せるドイツ軍に包囲された。その兵力は約七〇万人。陸と空の最新兵器で武装した、恐るべき大軍であった。この攻防戦は、それからなんと二年以上も続くことになる。その間、食料・燃料など補給の途絶えた市内は、再び凄惨な飢餓地獄となった。

一九四四年に包囲が解かれるまでに、餓死や寒さ、あるいは砲爆撃で死んだ市民の数は数十万人にまで達したという。それでも、市民たちは屈することなく、ドイツ軍の猛攻に耐え、頑強に抵抗し続けた。

ショスタコービッチの名曲、交響曲「レニングラード」はこの包囲戦のさなかに、市民を励ますためにレニングラード市内で作曲されたものだ。

このあたりは不屈のロシア魂の輝かしい伝統であろう。長い歴史の中で蒙古軍、ナポレオン軍、そしてナチス・ドイツ軍など、侵略者を最終的にはことごとく敗退させてきた彼らだ。

このレニングラード攻防戦には、当時二〇代から三〇代となった「海を渡った元子供たち」も多数参加していたはずだ。当然、彼ら彼女らの中からも犠牲者が出たことは間違いない。オルガの祖母の母親もこの戦いのさなか飢餓で亡くなった。

やがて終戦となり、戦後の米ソ冷戦時代を経て、一九九一年のソ連邦崩壊を迎えることとな

1970年代、年金生活に入っていたペトログラードの「元子供」たち。

(Olga Molkina)

「元子供」たちと半世紀ぶりに再会したブラムホール元隊員。

る。この間、一九七〇年前後の米ソ間のデタント、つまり緊張緩和時代になると、ようやく両国の民間交流が細々と始まった。

アレン隊長の右腕であった米国赤十字隊員ブラムホールはすでに高齢に達していたが、意を決してソ連を訪れ、ペトログラードの「元子供」たちと喜びの再会を果たした。彼ら「元子供」も、もう老齢期に入っていた。ひた隠しに封印されていた彼らの記憶や思い出の品々も徐々に整理、記録され始め、米国側関係者との交流も少しずつ始まった。

ソ連崩壊にともない一九九一年、住民投票によって「レニングラード」は、帝政時代の輝かしい名、「サンクトペテルブルク」に生まれ変わった。

残念ながら、彼らペトログラードの「元子供」は、今は全員この世の人ではない。彼らの中で最も長生きしたのは、クセニア・アメリアという女性で、二〇〇五年に一〇二歳で天寿を全うしている。オルガの祖母の姉ゼーニャも天寿を全うし、二〇〇〇年に九八歳で世を去った。

そして、二〇〇九年のオルガ・モルキナと北室南苑の運命的な出会いにより、日米連携の大救出作戦の真実が、日本でも初めて知られることになる。

(Olga Molkina)

子供たちが大人になった時との対比写真。いちばん上のカップルがオルガの祖父母。右の人物写真も「元子供」の一人で、のちにソ連の代表的なバレエ振付師となったレオニード・ヤコブソン。

第八章　航海中の陽明丸あれこれ

大任を果たした陽明丸

茅原船長と陽明丸は、ウラジオストクからフィンランドのコイビストまで、八〇〇人のロシア子供難民を無事に輸送し、大任を果たした。

いまの感覚からすれば、「うまくいって当たり前」と思われるかもしれないが、百年前の当時、「うまく行かない」リスクの方が相当に高かった。その意味からも、茅原船長以下、乗組員は大きな賞賛に値する。オルガは、この航海を「偉大なる冒険（Great Adventure）」と表現している。これは「（子供たちにとっての）大冒険」という意味であろう。

だが、筆者は、「実際は勝田汽船、船長以下乗組員、さらに日本帝国にとっての大冒険」と呼ぶ方が適切ではないかと思っている。

というのは、何か重大な事故、たとえそれが不可抗力だったとしても、現実に起これば、当然、運航当事者の責任が問われる。事故の責任は、第一義的には傭船者である米国赤十字ではなく、船長と勝田汽船が負わされただろう。同時に日本も世界中から非難を浴びたことは間違いない。

いつの世でも、子供が多数犠牲になることに、世論はとりわけ厳しい。そういう気の重くなるリスクをものともせず、ひたすら黙々と最後までがんばり抜いた陽明丸の乗組員たちに感謝の言葉を贈りたい。精神力が極めて強く、何事にも一本筋が通っていた明治生まれの男たちであればこそ、困難を顧みず達成できたのだと思う。

約三カ月もの間、ストレスにさらされた毎日だったからこそ、やり遂げた後の達成感、安堵感は言葉に表せないほどであったろう。千人近い多国籍の船客全員を下船させた後、茅原船長は、船員一同を甲板に集め、「皆よくがんばってくれた！」と心から感謝を込めて訓示したことだろう。

元の貨物船に戻された陽明丸

陽明丸がその後どうやって日本に帰ってきたか。それについては船長の手記にはほとんど書かれていない。米国赤十字関係者も、関心がなかったらしく、とくに触れていない。

筆者としては、帰路の状況がどうであったか、どういうコースで、いつ帰国したかが気になった。これについては、どこにも資料がないので、再び独自に調査した。その結果、ある程度の情報を得ることができた。

その結果をまとめると、陽明丸の帰国の航跡は次のとおりであったことがわかる。

一九二〇年一〇月一五日頃、コイビストを出港し、デンマークのコペンハーゲン港に寄港。そこでドイツ・オーストリア、そのほかの帰還兵を降ろし、改造船室などいっさいの臨時施設を取り除き、元の貨物船に戻された。それが、約二週間後の一〇月二八日のことで、ここまでは、船長の手記に書かれており、米国赤十字社の記録にも似た記述がある。だが、それ以後のことは不明。

米国の公文書保存機関にあたった結果、興味深い関係文書がいろいろ見つかった。

以下、それらの史料を示しながら紹介しよう。

まず陽明丸のその後の航路について。

翌一九二一年一月二六日にドイツのハンブルク、一月三一日には英国の港にいたことが確認されている。そして、日本への帰路であろうが、同年二月一八日にニューヨークに寄港している。なんと四カ月あまりも、大西洋方面でうろうろしていたことになる！

あれだけの大任を果たしたのだから、一路、日本を目指せばよいのにと誰もが思うが、ある海運関係者によれば、戦前の長期航路では、そういうことは珍しいことではなかったという。考えられる可能性は、復路は勝田汽船の現地ビジネスとして、何らかの輸送業務をこなしていた、ということだろうか。欧州では、第一次世界大戦で多くの商船が沈められたので、その船舶需要に合致したことが考えられる。

また、当時の乗組員や船客の一部のリストも同文書保存機関で入手できた。陽明丸がニューヨークに寄港した記録は、一九二〇年八月二八日と一九二一年二月一八日、つまり日本からの往復時の計二回分が見つかった。

「婚約破棄」に泣いた失意のロシア女性

往路の八月二八日の記録には、ロシア人など当時の乗船者の名前の記録が、ごく一部であるが残っていた。その中に、次のような若いロシア人女性エリザベス・シミオン（Elizabeth Simion）の名前が見られる。

First Name（名前）: Elizabeth
Last Name（苗字）: Simion

Ethnicity（人種）: Russia, Russian
Last Place of Residence（最終居住地）: Vladivostok, Siberia
Date of Arrival（到着日）: Aug 28, 1920
Age at Arrival（年齢）: 23y 8m
Gender（性別）: F（女性）
Marital Status（結婚歴）: S（独身）
Ship of Travel（乗船名）: Yomei Maru
Port of Departure（出港地）: Vladivostok, Siberia

彼女は、米国側の記録には見当たらないが、船長の手記のエピソードに登場する。ロシア人らしからぬ名前なので、あるいはユダヤなど他国の血が混じった女性かもしれない。

ウラジオストクは国際都市だから、当時はかなりの数の外国人が居住していた。シミオンはシベリアに派遣されていた、ある米国人鉄道技師と恋仲になり婚約した。胸をときめかして陽明丸に乗り込み、先に帰国していた彼のいるニューヨークに着いたものの、やがて届いたのは一方的な「婚約破棄」の非情な電報だった。

幸福の絶頂から絶望の淵に追いやられ、「シベリアに戻してほしい！」と米国赤十字スタッフに泣きながら懇願し、悲しみに沈んだ。心優しい船長は、深く傷つけられた彼女に義憤を感じ、「シベリアにおけるヤンキーの不徳行為」と強く非難している箇所が手記にある。

その時の彼女の名前は「シミオン」となっているが、史料を見るとファースト・ネームはエリザベスで、年齢二三歳八カ月、未婚、ロシア国内での最終居住地はウラジオストク、出港地も同港であったことなどが詳細に記録されている。船長の手記が根拠のあることを立証するものであろう。

古い記録文書から、その当時の人々の喜怒哀楽、生活の息吹き、果ては人生ドラマまで読み取ることができる。ある日ある時の一瞬が、本人の知らぬ間に切り取られ、その断片が時間という琥珀（こはく）の中で、永久に留め置かれているというべきか。この気の毒なエリザベス・シミオンの人生がその後どうなったのか知るすべはもうない。

六三名の陽明丸船員名簿

次ページの写真は、陽明丸が一九二一年二月一八日にニューヨーク港に寄港したときの船員名簿である。外国航路の船舶が寄港した場合、入国審査でこのようなリストの提出が義務付けられていた。

船長以下、六三名の乗組員の氏名など個人情報が細かく記載されている（日本出航当初は六

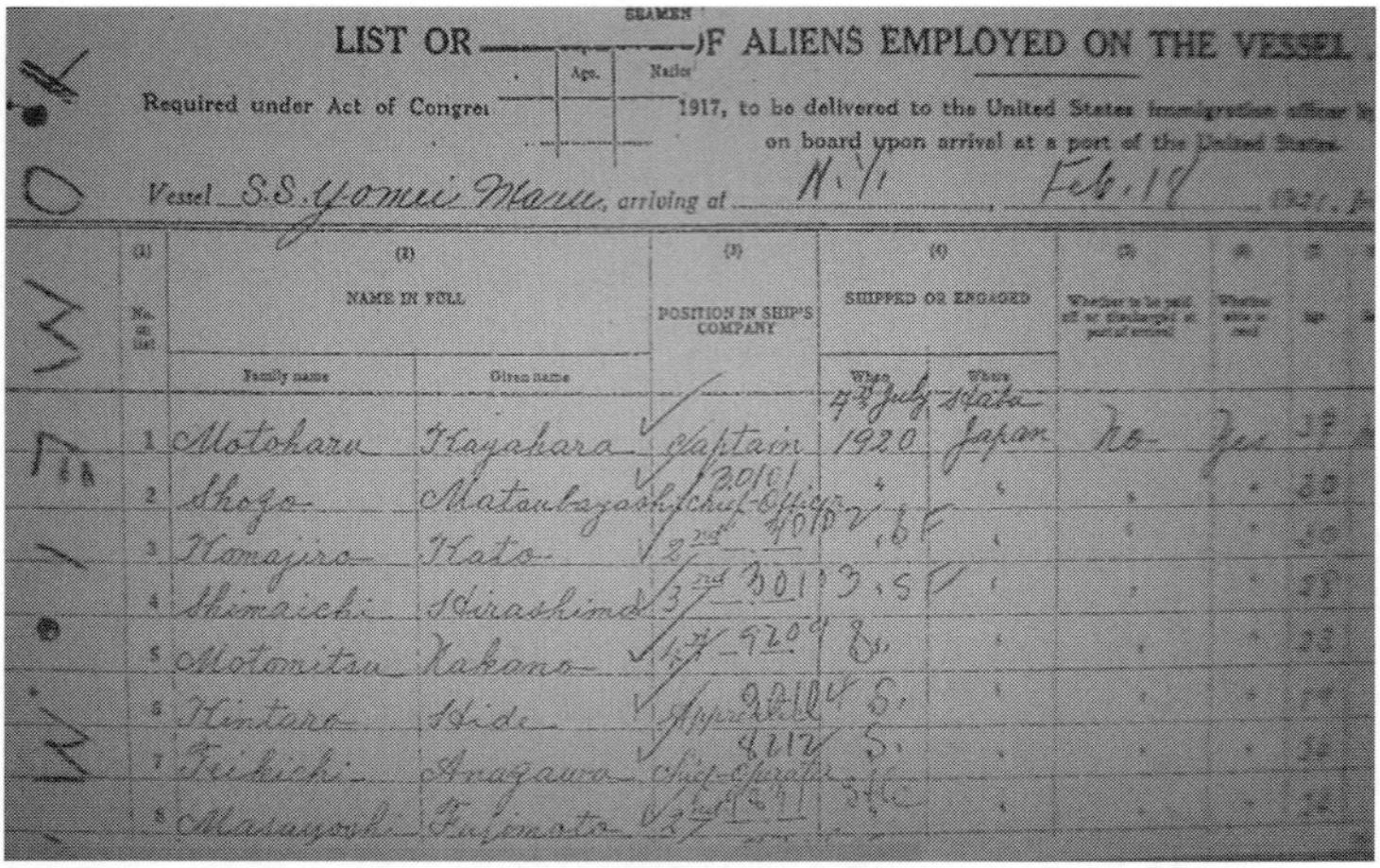

SEAMEN

LIST OR ——— OF ALIENS EMPLOYED ON THE VESSEL

Required under Act of Congre ... 1917, to be delivered to the United States immigration officer ... on board upon arrival at a port of the United States.

Vessel S.S. Yomei Maru, arriving at N.Y. Feb. 18 1921

(1) No. on list	(2) NAME IN FULL Family name	Given name	(3) POSITION IN SHIP'S COMPANY	(4) SHIPPED OR ENGAGED When	Where	(5) Whether to be paid off or discharged at port of arrival	(6)	(7) Age
1	Motoharu	Kayahara	Captain	4th July 1920	Hata Japan	No	Yes	37
2	Shogo	Matsubayashi	Chief Officer					30
3	Kamajiro	Kato	2nd					
4	Shimaichi	Hirashima	3rd					
5	Motomitsu	Nakano						
6	Kintaro	Hide	Apprentice					
7	Teikichi	Anagawa	Chief Operator					
8	Masayoshi	Fujimoto						

1921年2月18日にニューヨーク港に寄港したときの「陽明丸」の船員名簿。

四名であったが、一九二一年一月に機関士一名がハンブルクで怪我をして入院し、この時は乗船しておらず、差し引き六三名となる）。

陽明丸の帰国航路に関心のある筆者としては興味深い史料である

この書面のタイトルの下部あたりに、船名として「S.S.（注：steamship 汽船）Yomei Maru」の文字が見える。NYはニューヨークの略号。日付はFeb.18, 1921とあり、一九二一年二月一八日に提出されたものとわかる。「～港から来た」という「from the port of ～」の欄は空欄なので不明であるが、この関連で同時に発見した史料により、ドイツないしは英国から出航したことはほぼ間違いない。

乗組員の名簿に設けられた欄は、以下のような細々としたことを記入させるものだ。

1 通し番号
2 氏名
3 船内での職掌
4 船員労働契約がなされた時、または当該船舶が出航した日の年月日、場所
5 その時点で、当該船員労働契約が無効でないことの確認
6 文字が読めるか（要するに文盲であるかどうか）
7 年齢
8 性別
9 人種
10 国籍
11 身長
12 体重
13 その他の身体的特徴

いちばん上の船長の氏名には「カヤハラ モトハル」と書かれている。だが、われわれが知る限り、彼の呼び名は「カヤハラ モトジ」である。

これはあくまで推定だが、江戸～明治大正頃までは、人名の扱いについては今日よりずっと大らかであった。人によっては幾通りかの異なった呼び名を持ったり、違った当て字を使うことは珍しくなかった。

その伝で行けば、船長は「モトジ」、「モトハル」の両方を場合によって、使い分けていたのではないだろうか。

これら六三名の陽明丸の男たちの氏名、年齢を読み取って、表示したのが次ページの一覧である。

最初の別枠二名は茅原船長と次席格である一等運転士の「マツバヤシ ショウゴ」氏のもの。残り六一名は、西洋式のファースト・ネームのアルファベット順で並んでいる。このリストは、当時の記録文書をもとに米国公文書保存機関によって作成されたものだ。ただ、米国人ゆえに日本人の姓名についての知識がないので、書き写す際にスペルミスがあったかもしれない。

たとえば、一般船員リスト一番目、見習機関士の「キムラ」氏の場合はファースト・ネームが、Alunewo となっており、まるでイタリア人の名前のようだ。

船長の年齢が三七歳となっているが、これは満年齢ではなく、当時の慣行であった「数え年」によるものであろう。なぜなら、彼は明治一八（一八八五）年六月生まれなので、このリ

Name（氏名）	y（歳）
1.Motoharu,Kayahara	37y
2.Shogo, Matsubayashi	30y

Name（氏名）	y（歳）
1.Alunewo, Kimura	22y
2.Ataru, Nakazawa	37y
3.Chotoku, Kajiwara	24y
4.Chuhei, Midzushima	35y
5.Genjiro, Fujii	26y
6.Gensabaro, Naka	34y
7.Ginosuke, Ishii	25y
8.Goroichi, Yoshimaru	27y
9.Heihachi, Takihara	26y
10.Hideo, Fujita	22y
11.Hideo, Matsuda	27y
12.Hisaki, Toya	27y
13.Hisawo, Hashiguchi	22y
14.Hitoshi, Saito	27y
15.Ichiro, Komura	37y
16.Isamu, Masumoto	24y
17.Jihei, Tabata	28y
18.Jyunmei, Hara	21y
19.Kadzuichi, Kawada	23y
20.Kameo, Torigoshi	30y
21.Katayoshi,Abe	24y
22.Kenji,Ito	24y
23.Kesajiro,Sumi	20y
24.Kintaro,Hide	19y
25.Komajiro,Kato	30y
26.Kumawo,Moriyasu	20y
27.Kumazo,Nishishige	26y
28.Kunimitsu,Kuwabata	28y
29.Kyonawo,Matsugani	30y
30.Kyujiro,Nakamura	32y
31.Magoya,Yamazaki	51y
32.Masataro,Shirai	25y
33.Masawa,Yasui	33y
34.Masawo,Handa	20y
35.Masayoshi,Fujimoto	24y
36.Masayuki,Nakamura	51y
37.Motomitsu,Nakano	23y
38.Nintaro,Yamamoto	23y
39.Rokutaro,Yajima	21y
40.Shimaichi,Hirashima	28y
41.Shiro,Hori	44y
42.Shiro,Kobuki	26y
43.Shokichi,Horinouchi	25y
44.Suekichi,Sato	27y
45.Taichiro,Fukuda	31y
46.Takashi,Miyazato	18y
47.Takasuke,Asahara	24y
48.Takataro,Ohnishi	34y
49.Takiwo,Yamazaki	21y
50.Teikichi,Anazawa	24y
51.Tokihisa,Mori	29y
52.Tomojiro,Wakasa	17y
53.Tonawo,Shimada	31y
54.Toshitaka,Yamamota	18y
55.Tsuneichi,Tanaka	29y
56.Tsuruwo,Morinaga	22y
57.Tyusaburo,Kitazawa	20y
58.Yasuhara,Kitajima	31y
59.Yoshiichi,Yoshikawa	27y
60.Yoshijiro,Nishino	30y
61.Yotomi,Sagara	21y

「陽明丸」の乗組員。多くは20代の若者で、ウラジオストクからフィンランドまで、800人の子供たちを無事に輸送し、大任を果たした。前列左が茅原船長。

ストが提出された一九二一年には満年齢では三五歳でなければならない。

大正時代のこの頃、茅原船長は三五歳そこそこで、一万トン級の大型船を預かっていたことになる。それでも船長はまだ年長の方で、彼より年齢が上の乗組員は「五一歳」二名と「四四歳」一名のみで、残りの多くは二〇代である。一〇代の船員も四名いたことがわかる。最年少は、水夫の「ワカサ トモジロウ」君の一七歳。彼にしても「数え年」表記だろうから、実年齢はまだ一六歳ということになる。

船客のロシア人「小児」の中には満一八歳に達する者が何人もいたようだから、これでは一体、どちらが「小児」なのかわからない。さらに体格でも、一般に大柄なロシア人と、小柄な日本人との差が歴然とあったはずだ。事実、オルガの話によれば、船内で日本人の若い船員を相手にロシアの「小児」がレスリングの真似事(まねごと)をしたことが幾度もあったようだ。当然ながらいつもロシアの「小児」の方が強かったようだ。

こういう、体力を持て余した「腕白盛りの小児」が山ほどいたわけだから、船員たちもさぞ苦労したに違いない。

体格といえば、彼らの身長・体重の記録も全員分が残っているのも興味深い。たとえば茅原船長の身長は、英米式の「ヤード・ポンド法」表記で五・五フィート、体重一四〇ポンドとなっている。メートル法に換算すると、身長約一六八センチ、体重約六三キロということになる。

統計によると、大正九（一九二〇）年当時の日本人成人男性の平均身長は一六三センチであった。それからすると、船長の体格は当時の「中肉中背」のスタンダードをいくぶん上回るものであったことがわかる。それどころか、威厳のある風貌と相まって、人にはむしろ、「大柄」な印象さえ与えたかもしれない。

次の一覧は、手書きの船員名簿から、彼らの職掌の部分を拾い上げ、集計してまとめたものである（注：当時の船員の職名は会社によって異なり、大正時代当時のもの）。

船長	一名	水夫	一〇名
一等運転士	一名	機関長	一名
二等運転士	一名	一等機関士	一名
三等運転士	一名	二等機関士	一名
四等運転士	一名	三等機関士	一名
見習運転士	一名	四等機関士	一名
主任通信士	一名	見習機関士	二名
通信士	一名	油差	八名
水夫長	一名	料理人	二名
舵手	四名	賄長	一名
火夫	一六名	給士	五名
倉庫番	二名		

以上六四名（帰路のみの人員総数は、ハンブルクで負傷の四等機関士を除くと六三名）

アレン隊長からの礼状

茅原船長の手記の巻頭に筆者が最も感銘を受けたものが掲げられている。それはウラル子供難民救出作戦の実質的な責任者であり、同時に最大の功労者でもあったライリー・アレンが船長に宛てた丁重な礼状である。差出し住所はフィンランドのコイビスト。宛先は「陽明丸気付」となっている。

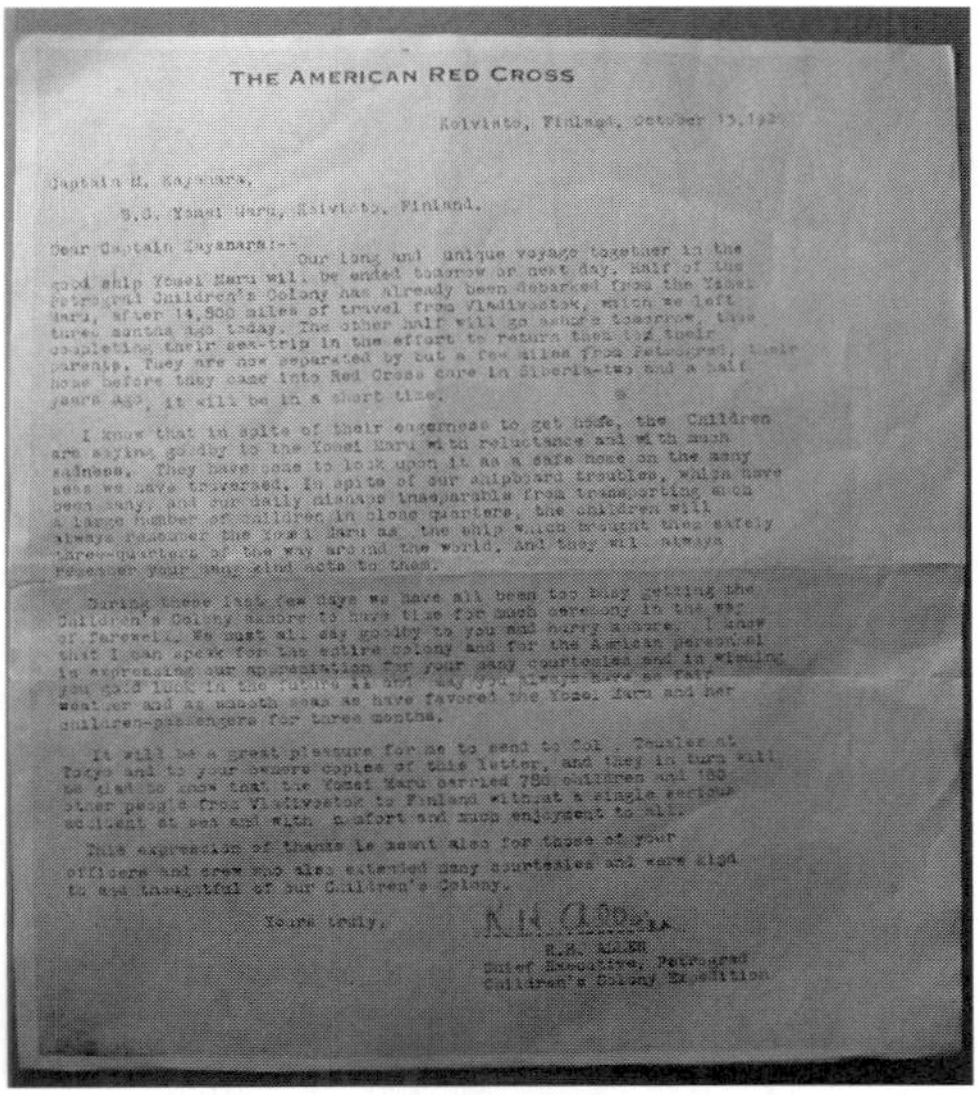
THE AMERICAN RED CROSS

Koivisto, Finland, October 15,192

Captain K. Kayahara,

S.S. Yomei Maru, Koivisto, Finland.

Dear Captain Kayahara:--

Our long and unique voyage together in the good ship Yomei Maru will be ended tomorrow or next day. Half of the Petrograd Children's Colony has already been debarked from the Yomei Maru, after 14,900 miles of travel from Vladivostok, which we left three months ago today. The other half will go ashore tomorrow, thus completing their sea-trip in the effort to return them to their parents. They are now separated by but a few miles from Petrograd, their home before they came into Red Cross care in Siberia--two and a half years ago, it will be in a short time.

I know that in spite of their eagerness to get home, the Children are saying goodby to the Yomei Maru with reluctance and with much sadness. They have come to look upon it as a safe home on the many seas we have traversed. In spite of our shipboard troubles, which have been many, and our daily mishaps inseparable from transporting such a large number of children in close quarters, the children will always remember the Yomei Maru as the ship which brought them safely three-quarters of the way around the world. And they will always remember your many kind acts to them.

During these last few days we have all been too busy getting the Children's Colony ashore to have time for much ceremony in the way of farewell. We must all say goodby to you and hurry ashore. I know that I can speak for the entire colony and for the American personnel in expressing our appreciation for your many courtesies and in wishing you good luck in the future and may you always have as fair weather and as smooth seas as have favored the Yomei Maru and her children-passengers for three months.

It will be a great pleasure for me to send to Col. Teusler at Tokyo and to your owners copies of this letter, and they in turn will be glad to know that the Yomei Maru carried 780 children and 150 other people from Vladivostok to Finland without a single serious accident at sea and with comfort and much enjoyment to all.

This expression of thanks is meant also for those of your officers and crew who also extended many courtesies and were kind to and thoughtful of our Children's Colony.

Yours truly,

R.H. ALLEN
Chief Executive, Petrograd
Children's Colony Expedition

ライリー・アレンが茅原船長に宛てた礼状。

つたない和訳だが、その大意を次に紹介する。手紙は「Dear Captain Kayahara,」の挨拶で始まっている。

> 貴船「陽明丸」での長いユニークな航海は明日か明後日には終わることでしょう。
>
> 約三カ月前にウラジオストクから始まった航海は一万四九〇〇海里の長旅となりました。ペトログラード・コロニーの子供たちの約

半数はすでに陽明丸から下船しました。残り半分の子供たちも明日には上陸の予定です。いよいよ彼らを親元に返すための航海は終幕を迎えようとしています。

シベリアの米国赤十字の保護下に入る二年半前に出立した彼らの故郷ペトログラードはもう目の前にあります。故郷への強い思いと、その一方で「陽明丸」に別れを告げなければならない、子供たちの深い悲しみを小生はよく理解しています。

長い航海中、貴船は彼らにとってどこよりも安全な棲み家でした。

航海中に起きた少なからぬトラブルや狭い空間に大勢の人が居住して輸送されることの不自由さはありましたが、地球を四分の三周（注：実際には三分の二周ほどか）する船旅を無事に成し遂げてくれた「陽明丸」を、子供たちはいつまでも忘れることはないでしょう。

この最後の三日間、われわれは子供たちを上陸させることに忙しく、あなた方との別れにふさわしいセレモニーを行なうことができずに船を離れなければなりません。

私はロシアの子供たちとアメリカ人スタッフ他すべての船客を代表して、ここに恩義ある貴殿への深甚（しんじん）なる感謝を申し述べるものです。

併せて今後のご多幸をお祈りする次第であります。

幸いなことに、子供たちは天候に恵まれ平穏な海を航海することができました。これからの陽明丸の航海もそうであることを切に願うものです。

東京にいるトイスラー大佐（注：アレンの上司、聖路加国際病院長）および貴殿の船主（注：勝田銀次郎）に、この礼状の写しを送ることは小生にとっても慶びとするところです。彼らもまた、陽明丸の七八〇人の子供と、その他一八〇人の船客が、深刻な事故に一度も遭うことなく、ウラジオストクからフィンランドまでの快適な船旅を楽しんだことを知って喜ぶことでしょう。

この深謝は、貴殿はもちろんのこと、我々のペトログラード・コロニーの子供たちにひとかたならぬご配慮とご親切を賜ったすべての乗組員の皆様への言葉とさせていただきます。

ペトログラード小児コロニー派遣隊／主席監督官
R・H・アレン

この文面からもアレンの誠実な人柄と細やかな配慮がうかがえる。

なお、ここで使われている「コロニー」（colony：移住地、集団居留地）という用語だが、オルガも同様に使っている。彼女は子供たちを常に「コロニスト」（colonist：移住者、集団居留民）と呼び、「難民」（refugee）とは表現しない。オルガたち子孫にしてみれば、彼らは一定の秩序のもと統制のとれた集団で、無統制な避難民とは違うのだからという、こだわりであろう。

だが、われわれ日本人の感覚からすれば、過酷な運命に翻弄されたウラルの子供たちも、現代の難民と同様に同情すべき存在である。ゆえに本書ではあえてウラルの子供たちも「難民」と表現している。

また「陽明丸」の乗船者人数や各地の出港・寄港日等の事実関係については、船長手記と米国側の記録およびオルガたちロシア側の記述、それぞれ微妙に不一致の箇所が若干見られる。その点については、本書では便宜上、基本的には当時救援側主体であった米国側の記録を尊重し、これに沿って記述している。

第九章　陽明丸の四人の男たち

義侠心と行動力の具現

陽明丸の事蹟を追っていると、つくづく「神」なる存在の不可思議さを思う。神は、邪悪なる存在の対極にあり、至高にして有り難い存在と子供の頃から教えられてきた。そして、現実のわれわれは、常に災厄に遭遇する不安の中に生きている、臆病な鼠(ねずみ)のようなものだ。誰しも、いつ何どき天井から「ダモクレスの剣」が降ってくるかわからない。

あらゆる災厄の中で、その最たるものが大戦争である。人類は前世紀に二度もそれを強いられた。両大戦で数千万人の命が消え、その中には無数の一般人も含まれる。もし神が全智全能なら、なぜわれわれに邪悪な試練を幾度も押しつけてくるのか。

ただし、神様も、たまには神様らしいことをする時もあるようだ。陽明丸の子供たちの場合が、まさにそれであろう。何百万人という無辜の子供が、虫けらのように死んでいった動乱の時代にあって、彼ら八百人はそのほとんどが無傷で生き延び、三年近い放浪の末、奇跡的に故郷に戻った。飢餓も冬将軍も、殺気だった革命軍も反革命軍も、物騒な機雷もついに彼らの命を奪えなかった。縁もゆかりもない米国人と日本人が懸命に力を合わせ、いくつもの海を越え、親元に戻してくれた。

幼い少年少女だけの心もとない集団ゆえに、神様にも憐憫の情が湧いたのだろうか。だが、やはり神様の気まぐれとしか、今のところは思いつかない。

さて、ここはどうしても、この事蹟に貢献した日米四人の男たちの人生に触れねばならない。これら四人の素晴らしい男たち——ライリー・H・アレン、茅原基治、ルドルフ・B・トイスラー、そして勝田銀次郎。彼らに共通するもの、それは義侠心と行動する知識人ということであろう。

義侠心とは何であろうか。苦難にある弱者に遭遇すれば、何とか救ってやらねばと自然に湧きあがる感情であろう。それは特別なものではなく、人なら誰しも備わる、善なる本能の発露といえる。水に溺れている者を見れば、反射的に助けようと思う。おそらく、それと同じようなことだ。

ライリー・H・アレン――シベリア救護隊長

八〇〇人の子供の命を救った決断

ライリー・H・アレンは一八八四（明治一七）年生まれで、明治一八年生まれの茅原基治船長より一歳年長である。米国赤十字救護隊に志願し、革命と内乱で混迷の極みにあったシベリアに赴く前は、ハワイの地元紙「ホノルル・スター・ビュレティン」で活躍するジャーナリストであった。地元では敏腕編集者として、すでに確固たる地歩（ちほ）を築いていた。抜きん出て優れた資質ゆえに、たとえ一時でも彼を手放すことを新聞社の経営陣は渋った。

だが、アレンはその手を振り切り、一九一八年一一月八日、遠いシベリアに向けて旅立った。ハワイから太平洋の彼方のウラジオストクまで乗船した船は、奇しくも日本船で、「シンヨウ丸」という船名だった。

それほどまでに彼を強く動かし、シベリアに向かわせた動機とは一体何であったのだろう。

開戦三年目の一九一七年四月、第一次世界大戦に米国は遅ればせながら参戦した。多くの若者がドイツ・オーストリア同盟国軍と戦うべく、勇躍して欧州に出征した。

当時の男性であれば、軍に身を投じ、まずは戦場で祖国に貢献したいと願うのはごく普通の

第1次世界大戦中、傷病兵を看護する補助看護婦を募集する米国赤十字のポスター。

ことであった。アレンも、米国市民の一人としての愛国的責務を感じていた。だが、米国参戦時の彼の年齢は三三歳で、軍に志願しても年齢的な理由で敬遠されていただろう。

米国参戦の翌一九一八年一一月には同盟国は敗北し、大戦は終結した。

終戦間際、アレンが選択した道は、シベリアでの赤十字活動に広報官として奉仕することであった。その決断について、アレンは多くを語っていないが、ジャーナリストゆえに、自らの社会的使命は銃を執ることではなく、言論であるという思いも動機の一つであったろう。

当時、米国赤十字は、戦争と革命、それに続く内戦で塗炭（とたん）の苦しみにあえいでいたロシア民衆、そして敵味方の区別なく苦しむ傷病兵の救援活動に従事していた。アレンも、民族や国籍の違いを超えて、戦禍に苦しむ民衆や兵士に深く同情し、彼らを救うことが先決と考えたのであろう。

アレンの美徳の一つに、他者の考えに決して盲従（もうじゅう）することなく、自分の目で確かめ、判断す

(Olga Molkina)

陽明丸船上のライリー・アレン。彼の献身がなければ「陽明丸の偉業」は実現しなかった。

ることがあげられる。この彼の行動原理は常に一貫していた。客観的な事実がすべてと考える、優れたジャーナリストの倫理的姿勢に基づくものに違いない。彼のこの非凡な特質が、最も発揮された出来事は二つに絞られよう。

その一つが、八〇〇人のロシアの子供たちを決して見捨てずに、ウラジオストクから陽明丸で脱出させた功績である。

すでに米国の派遣軍は撤退しており、その庇護を受けられないシベリア救護隊は、米国赤十字社本部から撤収を促されていた。それゆえに、子供たちを置き去りにして、ソビエト側に委ねることもできたし、そうすべきという意見さえあった。もし仮にそうしていたら、子供たちの多くは故郷に戻ることはできなかったかもしれない。

一九二〇年の春、革命ロシアの指導者たちは、内外から襲いかかる危機的状況と必死に戦っていた。慢性的に続く食料や生活物資の不足に加えて、記録的な大旱魃（かんばつ）が始まっており、最終的には数百万の餓死者が出た頃だ。シベリアだけではなく、ロシア国内のどこも飢えで苦しむ人々で溢れかえっていた。それに追い打ちをかけるように、腸チフスなど多くの疫病が蔓延（まんえん）していた。戦時共産主義の厳しい統制下にあって、難民はロシア国内に数え切れないほどいた。ウラルの子供たちだけを特別扱いする理由など、どこにもなかったのである。

そんな状況下に、それまで米国人から手厚く保護されていた彼らが赤軍に「解放」されたら、どんな目に遭うか……。その時のアレンの決断が、八〇〇人の子供たちの命を救い、その命は子や孫に引き継がれたのである。オルガたち「子孫の会」が最もアレンに恩義を感じているのはこの点に尽きる。

シベリア救護隊長であったトイスラー博士が、東京の聖路加国際病院の事業発展のため、やむを得ず離任する際に後事（こうじ）を託したのがアレンであった。このことからも、彼がいかにトイスラー博士の信任を得ていたかがわかる。

真珠湾攻撃を報じた号外記事

アレンの特質が発揮された二つ目の出来事は、真珠湾攻撃を報じた歴史的な号外記事である。

ロシアの子供たちをすべて親元に送り届けたのち、彼は古巣であるハワイの「スター・ビュレティン」紙に復帰した。それから二〇年の歳月が流れ、運命の一九四一年一二月八日——日本海軍の機動部隊がハワイ真珠湾を奇襲した。

頭上に日本海軍機が唸りながら激しく飛び交うなか、アレンは危険も顧みず、第一報の号外記事に着手した。このジャーナリストとしての果断な行動は、いかにもアレンらしい。この歴史的な号外記事はジャーナリズム史にも登場する、大変有名なものである。

Honolulu Star-Bulletin 1st EXTRA

WAR!

SAN FRANCISCO, Dec. 7.—President Roosevelt announced this morning that Japanese planes had attacked Manila and Pearl Harbor.

OAHU BOMBED BY JAPANESE PLANES

SIX KNOWN DEAD, 21 INJURED, AT EMERGENCY HOSPITAL

Attack Made On Island's Defense Areas

Hundreds See City Bombed

日本軍のハワイ真珠湾攻撃を最初に報じたアレンの歴史的な号外記事。

嵐のような日本軍の攻撃はようやく終わり、米国政府と国民はヒステリック状態に陥り、国を挙げて参戦を決意した。新聞雑誌には、日本人の蔑称（べっしょう）である「ジャップ」の文字が溢れた。

だが、アレンはこの蔑称を、たとえ憎き敵であっても感情的に使うべきではないと自らの紙面での使用を断固として拒み通した。部下の日系人の記者でさえも、「ジャップ」と表記することを求めたが、アレンは決して許さなかった。好

「スター・ビュレティン」紙の編集長時代のライリー・アレン（1957年当時）。

戦的な軍国主義者と一般国民を峻別せずに蔑む表現を用いるのはフェアではない、ジャーナリズムの品位にかかわると考えたようだ。

アレンの人種や民族差別反対へのこだわりは、その後も終始一貫している。後年、米国内のマイノリティの市民を擁護する言論により、名誉ある表彰も受けている。

そうしたアレンの不動の信念については、かつて日米の固い絆により達成された「陽明丸の大航海」の記憶が根底になかったと、どうして言えようか。

アレンは、その後も第一線のジャーナリストとして長く活躍し、ハワイの優れたオピニオンリーダーとして人々に敬愛され続けた。そして一九六六年、八二歳の生涯を全うした。彼がこよなく愛した、美しいハワイの墓地で、満ち足りた安らかな眠りについていることだろう。

今さらながら痛感する。ライリー・アレンの類いまれなる真摯な人柄があってこそ、陽明丸の偉業は達成された。まことに敬服すべき、古き良きアメリカ人であった。

茅原基治――日露米の架け橋

叩き上げの苦労人

茅原基治の本事蹟にかかわった経緯については、これまで述べてきた通りである。われわれの調査が進むにつれて感じたのは、彼が陽明丸船長として選ばれたことが、いかに理にかなっていたかということだ。言い換えれば、この事蹟における彼の役割はまさに運命的なもので、そうとしか表現できない。

次ページの写真は、陽明丸の事績を報道するメディアなどでよく掲載されているもので、走り書きされたロシア語は「ハロー！自由ソビエト・ロシア社会主義プロレタリア共和国の子供たち！ソビエト・ロシアの子供集団ニューヨーク一九二〇年八月二八日」と書かれている。誰がこれを書いたかは不明で、プロパガンダめいているが、揶揄(やゆ)か真面目なものかもわからない。ただ、当時ニューヨークに到達した子供たちと赤色ロシアの結びつきが強く意識されていたことを示すものであろう。

各国の治安当局からすれば、彼らは間違いなく要注意の集団であった。あれほど歓迎された米国でも、合衆国司法省・治安対策部（連邦捜査局ＦＢＩの前身）の捜査官たちが、彼らの行

ニューヨークに到着時に撮られた陽明丸と子供たち。

動をずっと監視していた。ロシア系市民からの贈り物は、すべて中身を検閲されたという。トルストイやドストエフスキーなどの古典文学全集もなぜか押収され焼却処分になっている。

この過剰とも思われる治安当局の対応だが、その背景として米国内ではこの頃、過激な社会主義者等の逮捕・取り締まりが熱心に行なわれていた。日本と同様、ロシア革命の国内への波及を警戒したのであろう。二人のイタリア系移民の無政府主義者が冤罪（えんざい）の殺人罪で処刑された「サッコ・ヴァンゼッティ事件」も、陽明丸が寄港する三カ月前に起きていた。これらは「自由平等の国アメリカ」の別の一面を物語るものであろう。

陽明丸が室蘭に寄港した際にも室蘭水上警察当局は彼らの上陸を認めず、苦労した様子が船長の手記に記されている。

一方、子供たちもすべて米国赤十字の言いなりになっていたわけではなかった。彼らなりの判断による自己主張は絶対に曲げなかった。さすが革命発生の地ペトログラードの子供たちであった。

そうした事情を理解していないと、この航海の船長は務まらない。茅原船長は水夫上がりで、苦学して船長になった叩き上げの苦労人である。一般船員の思いもよくわかり、彼らの人望を集めていた。

欧米発祥の「新思潮」に関する雑誌を購読し、流行の社会思想には見識があった。おそらくマルクス主義もその中に含まれていただろう。後年、船長自身も無産政党「社会民衆党」の熱心な活動家として政治運動に関与していたことが調査でわかっている。

それゆえに、航海中に起きたさまざまな思想文化の相違による衝突の意味もよく理解していたに違いない。

赤十字活動への深い理解

もう一つの厄介な問題は傭船者であった米国人たちの扱いであった。陽明丸が航海した一九二〇年は日米関係が冷え込み始めた時期である。日清、日露、第一次世界大戦と対外戦争を勝ち進み、アジアで頭角を現わしてきた日本を、米国は仮想敵として強く意識し出した。急増した日系移民の問題や東アジア・太平洋地域の利権をめぐり、日米の利害が対立する事態が増え

「人道の船 陽明丸顕彰館」に展示される船長の鞄。大航海中も持参していたと思われる（茅原好子氏所蔵）。左は航海当時の茅原船長の写真と親族との写真。

始め、反日的な空気は当然ながら一般の米国市民にも共有されていた。

陽明丸に乗船した米国赤十字の隊員も、同様な目で船長以下乗組員を見ていたに違いない。できれば日本以外から船を調達したかったが、すでに述べた理由で、陽明丸しか確保できなかった。おそらく、そのことも米国人のプライドとして気に食わなかったのだろう。

実際、サンフランシスコからニューヨークに向かう船中でも、日露の若者どうしの喧嘩（けんか）の処置をめぐって揉めたことがあった。不運なことに、万事公平なアレン隊長は所用のためにサンフランシスコで下船していて不在であった。シベリア救護隊の幹部が茅原船長に詰め寄り、臨時寄港して米国の武装官憲を呼ぶぞと恫喝（どうかつ）した。事を荒げることを懸念した船長が譲歩して謝罪、どうにか大ご

陽明丸顕彰館を訪れたオルガと茅原家の隆之さんと和男さん（右端）。左端は北室理事長。

とにはならなかった。もし茅原船長が堪えて譲歩しなければ、その後の陽明丸の航海はなかったかもしれない。

さらに付け加えるならば、茅原船長の赤十字活動への深い理解である。

郷里の岡山県・金光中学校を卒業した茅原船長は、律儀にも毎年欠かさず、恩師であった佐藤範雄校長に年賀状を出し続けた。佐藤校長は優れた教育者のみならず、金光教における傑出した指導者の一人であった。また明治前期には日本赤十字運動にも共鳴して熱心な支持者となり、赤十字社の山陽地域の指導者の一人でもあった。

茅原船長が、恩師であった佐藤校長に手記を贈呈した際の手紙を、船長手記の唯一の現品を所蔵する金光図書館の館長から見せていただいた。文面は当たり障りのないものであったが、これは思想警察の監視を用心していたからではないかと推察される。

船長の手記は日米間で緊張が高まりつつあった時期に執筆されたものだ。手記とはいえ「ロシア子供難民の輸送を米国赤十字と共にやってのけた」と語ることは、当時からすればかなり大胆なことであった。なぜなら過去の出来事とはいえ、これら当時の二つの仮想敵国の国民と関わりを持ったことを記録したものであり、あまり肯定的に書くと、当局からあらぬ疑いをかけられる恐れがあった。そこまで気を遣う必要のある窮屈な時代であった。

この時、茅原船長が恩師に最も伝えたかったメッセージは、「赤十字の尊い精神による国際人道救助に、私も微力ながら関わりました。それを先生にぜひ知っていただきたかったので、この手記を贈ります」ということではなかったか。

そして、恩師に贈ったこの一冊が、今日現存している唯一の船長の手記なのだ。

その後、米露両国の識者の手で、この手記のロシア語訳と英訳がそれぞれ進められ、最近完成した。船長の手記がロシアと米国で多くの人々に読まれることで、不当に貶(おとし)められていた船長以下、陽明丸乗組員の名誉回復がさらに進むことは間違いない。そして、不条理なストレスに耐えながら、大航海を完遂した彼らの貢献の真実が広く知られることは非常に喜ばしい。

昭和に入ってからの船長のことは、現時点ではよくわかっていない。今後の調査で解明して

岡山県笠岡市郊外に建つ船長夫妻の墓石（中央）。写真は後年の茅原船長。左手前は妻のリク。

いくつもりである。

昭和一七年八月一八日、茅原船長は死去した。享年五七。平均寿命の長い現代からみると、あまりにも早い死であった。

郷里の岡山県笠岡市郊外に自ら立てた生前墓は、手入れが行き届いた敷地に一族の墓とともに整然と並び、墓石には船長とリク夫人の名が刻まれている。

茅原　基治　定光院照海基範居士

　　　リク　定真院照圓利楽大姉

二人お似合いの素敵な法名である。人一倍心優しい船長はきっと愛妻家であったに違いない。

ルドルフ・B・トイスラー——聖路加国際病院の創設者

人道主義を自ら実践

シベリアに出兵した日本軍と米軍との違いをひと言で表現するなら、イソップ寓話(ぐうわ)の「北風と太陽」が当てはまるかもしれない。この寓話は、相対する他者を攻略するには力任せではなく、暖かく包み込むことを推奨している。つまり、相手に敵愾心(てきがいしん)を放棄させ、心服させるのがいちばんの近道という、経験則から導かれた古代人の智恵であろう。

この「北風と太陽」をそれぞれに当てはめると、旅人はロシア民衆、北風は日本軍、太陽は米軍といえよう。

たとえば、シベリア民衆の日米両軍への好感度はどうであったか。強面で精強、武断的行動に専念していた日本軍は恐れられ、一方の米軍は持ち前の陽気さと気前の良さで大人気であった。米軍兵士はとくに若いロシア女性の憧れの的であり、石もて追われるごとくシベリアから撤退した日本軍とは対照的であった。米軍撤退時のウラジオストク港は別れを惜しむ人々で溢れかえっていた。この相違は、いわば現代の中東に派遣された米軍と自衛隊の違いと似ているかもしれない。前者は主として戦闘行動に従事し、後者は平和維持活動や人道復興支援など民生向上に関わった。皮肉なことに、シベリア出兵において、日米両国の軍隊は現代とはまったく逆の行動に出ていたわけである。

シベリアに派遣された米軍の医療面を受け持ったのが、トイスラー博士の率いた米国赤十字シベリア救護隊であった。同救護隊は米軍の管轄下にあり、チェコ軍団兵や白系軍人、米国派遣軍兵士の戦時医療にあたった。だが、精力的なトイスラー博士率いる救護隊は、その枠を広げて活動し、敵味方、軍民を問わず、救援や緊急医療を必要としていた者たちに分け隔てなく手を差し伸べた。

内戦中のロシア国内で、医療活動に従事していた米国赤十字関係者。

活動地域も、比較的安全なウラジオストク近辺だけではなく、パルチザンが出没する東部シベリアの各都市まで危険を顧みず広げた。最盛期には、ウラル方面の白軍コルチャーク政府首都オムスクまで手を広げ、ロシア人現地雇員を含めたシベリア救護隊は、最盛期には千人を超えたという。

主要な都市に臨時の病院を開設し、腸チフスなど恐るべき伝染病の防疫（ぼうえき）にも尽力した。さらに医療分野だけではなく、社会教育や職業訓練など民生全般にまで拡げていた。

中核となる米国人スタッフは、その多くがライリー・アレンのように強い使命感を持ったボランティアであった。彼らは、赤十字の人道主義精神を自ら実践すべく、熱い心を抱いて各地からシベリアにやってきた人々であった。

病院開設を思い立ち来日

八〇〇人の子供難民救出と陽明丸による大航海は、米国が全面的に支援した人道支援活動であったが、トイスラー博士の傑出した人柄と情熱抜きでは決して成功しなかった。

ルドルフ・ボリング・トイスラーは、一八七六（明治九）年に米国ジョージア州ローム市で生を受けた。名前がドイツ風であることからわかるように、父親はドイツのプロイセン出身であり、科学者の家系の出であった。父親は青年期に渡米し、のちにバージニア州の医者の娘と結婚して米国に帰化した。ルドルフはその一人息子として育ち、バージニア州立医科大学を卒業後、医学者としての人生をスタートさせた。彼の従姉妹の一人はのちにウィルソン米国大統領の夫人となり、トイスラー博士の後年の業績と深い関わりがあったと推察される。

やがて、トイスラー博士は妻の親族が米国聖公会の宣教医師であった縁で、日本での病院開設を思い立ち、一九〇〇（明治三三）年に妻を伴って来日した。ほどなく東京・築地で聖路加病院（のちに聖路加国際病院と改称）を開設し、米国大使館などのバックアップも得て、米国の先進的医療の日本国内での普及に尽力した。

博士の顕著な功績の一つは、日本国内ではそれまで社会的地位が低かった看護婦という職業を、医師を補助する看護医療エキスパートとして養成するべく、その専門教育に力を入れたことである。

トイスラー博士は、一九三四（昭和九）年にその高邁（こうまい）な人柄を惜しまれつつ五八歳で他界した。その生涯は、極めて密度の濃いものであり、その高い倫理観とともに発揮された驚異的な精神力と行動力は今なお人を魅了してやまない。博士のシベリアでの壮大な国際人道主義の事業は陽明丸の大航海で完結したといえよう。

博士の遺骨は聖路加国際病院の礼拝堂に安置されており、自ら手塩にかけて育てた病院の発展を静かに見守っていることだろう。

ルドルフ・B・トイスラー博士。博士が率いたシベリア救護隊の活動で、800人のロシア子供難民の命を救った。

勝田銀次郎——敬天愛人

海の男のサクセス・ストーリー

危険をものともせず大航海を引き受けた陽明丸の船主、勝田銀次郎。陽明丸を改造客船にするため、数万円（現在の貨幣価値で数千万円ほどか）の資材を気前よく寄贈したことも、茅原船長の手記で明らかにされている。

勝田銀次郎の人生も、ほかの三人と同様、魅力的なエピソードで彩られている。

明治六年、勝田は愛媛県松山に生まれた。明治二四年、松山中学を卒業後、当時の青年の夢をかきたてた未開拓地、北海道にあこがれて故郷を飛び出した。

その北海道に向かう汽車の中で、偶然、東京英和学校（のちの青山学院）の本多庸一（ほんだよういつ）校長と席を隣り合わせた。キリスト教伝道者また人格者として知られた本多校長は、勝田の資質を見抜き、彼の学校で学ぶことを熱心に勧めた。これが運命的な出会いとなり、勝田は東京の同校予備学部に入学した。東京英和学校で学んだことは、その後の勝田の人格形成に決定的な影響を与えた。同校はキリスト教系の学校で、敬虔な信仰教育はもちろん、欧米流の合理主義的精神の涵養（かんよう）がその教育理念にあった。いわゆる「最大多数の最大幸福」（ジェレミ・ベンサム）

の実現であり、それは神の教えそのものであった。ここで勝田は国家国民に奉仕することを学んだ。

予備学部を修了後、勝田は関西の貿易商に就職し、実務を身につけた。当時の貿易業・海運業は、ギャンブルのように投機的、かつ冒険的な側面があった。その後、独立した勝田は日露戦争、さらに第一次世界大戦の特需の波に乗り、海運業で大勝負を挑み、短期間で空前の成功を収めた。まさに海の男のサクセス・ストーリーであった。

トイスラー博士らの求めに応じて、大航海を引き受けた陽明丸の船主、勝田銀次郎。

しかし、絶頂期はそれほど長くは続かなかった。大戦は終結し、それまでの好景気は潮が引くように去り、海運業は戦後不況に見舞われた。勝田の積極投資も裏目に出て経営は失敗し、財産の多くを失った。だが、勝田の高潔な人柄と資質を買われて神戸市長に推され、第二の人生がスタートする。

神戸市長を二期務める

勝田の性格をひと言で言うと俊敏かつ短気。侠客（きょうかく）の親分のように毅然とした潔さがあった。恵まれない社会的弱者には、慈父（じふ）のように接し、援助の手を差し伸べた。また教育事業や国民のための社会事業には巨額の寄付も躊躇せず、たびたび行なった。これらは東京英和学校時代に培われたものと思われるが、その一方で勝田は一貫して国際主義・平和主義を信奉した。

神戸市長を二期八年間務め、名市長として市史に足跡を残した。国際連盟の神戸支部長も務め、国籍の異なる多くの人々が仲良く暮らす国際都市神戸の発展にも寄与した。昭和一〇年に完成した回教寺院の落成式には市長として参列し、心を打つ祝辞を述べている。

勝田は、近代国家日本が強力な軍隊を持つことは認めるものの、国境に縛られないフェアな海運貿易活動によって、世界中の人々が恩恵を受ける平和な国際社会の実現を目指した。軍事力を行使するのではなく、経済活動を通じて、ともに栄えようという国際協調主義が勝田の念頭にあった。

昭和一六年一二月下旬、勝田は神戸市長を辞任した。日本に破滅をもたらした太平洋戦争開戦からまもなくのことだった。それから三年後、彼がこよなく愛した第二の故郷である神戸は米軍による大空襲で徹底的に破壊された。軍に徴用された民間船舶の多くも海の藻屑となり、全国の無数の海員の尊い命が犠牲となった。かつて海運業を営んだ勝田にとっては、堪えがたい悲しみであったことだろう。

戦後、ＧＨＱの理不尽な公職追放を受け、勝田は隠遁（いんとん）生活を余儀なくされた。長年連れ添った妻にも先立たれ、本人も病に倒れ、昭和二四年一二月、帰らぬ人となった。享年七九。戒名は「興源院正覚積善得山大居士」。勝田の人徳と功績が要約された戒名である。翌年、勝田銀次郎の神戸市民葬が盛大に行なわれ、高潔な人柄を偲んで多くの市民が参列した。

陽明丸の大航海も、勝田銀次郎の侠気と慈父のような温かい精神、そして真の国際主義が根底にあったからこそ実現した。

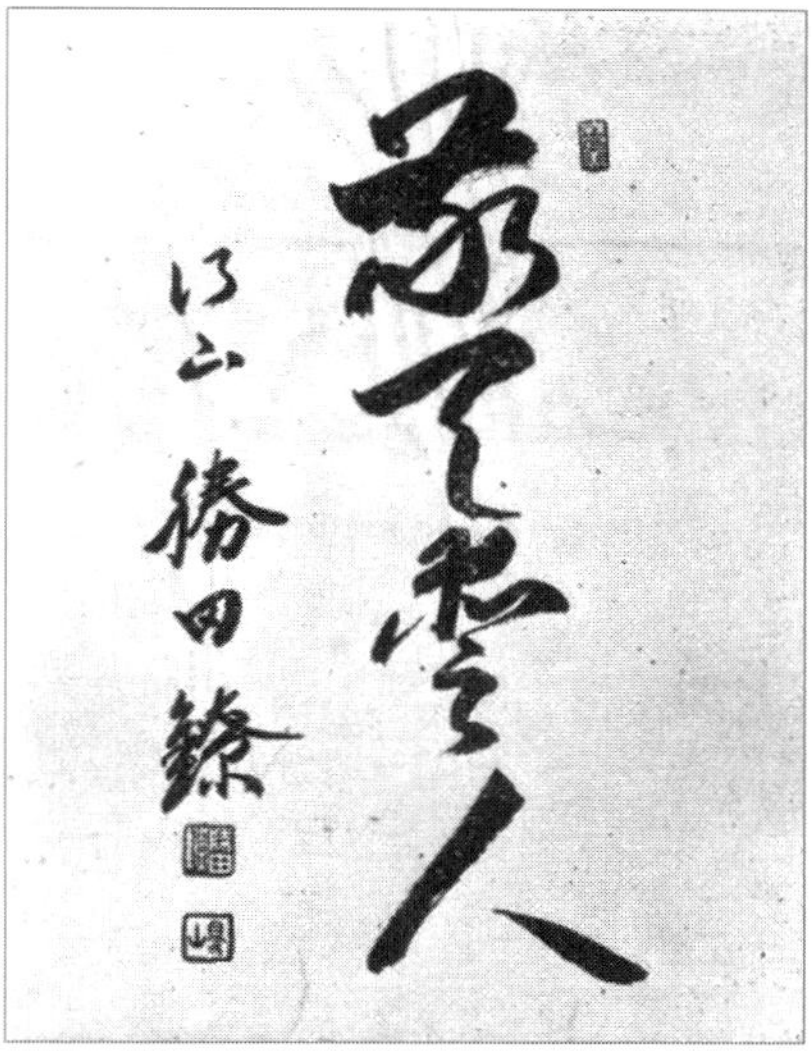

茅原船長手記に掲載された勝田鐐（銀次郎）の書「敬天愛人」。

勝田の一行書「敬天愛人」が船長手記の巻頭近くに掲げられている。「天を敬い人を愛す」。まさに陽明丸の大航海に深く関わった勝田銀次郎と茅原基治の思いが込められた言葉である。

古き良き時代の好漢たち

第一次世界大戦直前まで、欧州はベル・エポック期（良き時代）にあった。陽明丸の事蹟に関わった四人の男たちも、この良き時代に生を受け、多感な青少年期を過ごした。人が人たるべき徳目をひたすら信じ、実践することがジェントルマンの当然の行動と考えられていた時代でもあった。

彼ら四人は決して歴史を主導する立場にいた者ではなかった。あくまでも現場の人間として、個々の良心の命じるままに日々の活動を献身的に行なっていた。それが、ある日ある時、苦境に陥っている弱者の一団に遭遇し、彼らの運命を深く憐れみ、自分にできることをしなければと決意した。そのまま見過ごすことは、彼らの倫理観に反するものであった。それは同時にリスクを伴う行為だったが、彼らは敢然と行動に移した。

彼ら四人こそ「ノブレス・オブリージュ」、すなわち「財産や権力、地位を持つ高貴な人間ほど、それに伴う大きな倫理的な義務を負う」の精神を具現した真の勇者であった。これはまた東洋思想でいうところの、陽明学の教え「知行合一（ちこうごういつ）」の精神である。実行の伴わない精神は無意味であり、実践的な行動に最も重きが置かれている。

「陽明丸」という船名は、まさに彼ら四人の男たちにふさわしい船名だったかもしれない。

同じく身命を賭して、逆境にある多くの弱者を救ったオスカー・シンドラー、杉原千畝副領事、樋口季一郎将軍、遭難トルコ軍艦「エルトゥールル」の乗員たちを救助した和歌山の漁師たちにも、同じくこの「陽明学徒」の桂冠を授けるべきであろう。はるか昔から、世界中で彼らのような「陽明学徒」が無数に存在し、活躍していたに違いない。その勇気ある行動の多くは、記録に残されることなく、歴史のひとコマとして泡のように消えていったのであろう。

だが、彼らの義挙を通して、われわれが学ぶべきことは、人の人たる由縁は同胞を殺戮することではなく、救うという平凡な定理ではないだろうか。それが、緒方洪庵の適塾の精神であり、「敬天愛人」の精神であった。国際赤十字の精神であり、「国境なき医師団」の精神でもあろう。

生命への畏敬の念が急速に薄れつつある現代社会は重い教訓として受け止めるべきであろう。彼ら四人の「ドン・キホーテ」、古き良き時代の好漢たちの霊が安らかなることを祈りたい。

第十章 「陽明丸」七つの謎

陽明丸の事蹟は、このように当時の歴史的大事件を横糸に、時の流れを縦糸として織りなされたものであった。この大航海の成功は、これまで述べてきたように、主に日米四人の男たち――ライリー・アレン隊長、茅原基治船長、ルドルフ・トイスラー博士、勝田銀次郎船主が連携して成し遂げたものだ。

だが、調査を進めるうちに、この国際的美談の背景には、もう一つ興味深い事実が隠されていると感じ始めた。この大航海のシナリオを描き、水面下でコントロールしたと思われる、ある人物の存在が浮かび上がってきたのだ。

この人物を便宜上、Xと呼ぶことにする。彼の存在に気づいたのは二〇一一年の秋だった。ようやくカヤハラ船長の存在が確認でき、その周辺の人間関係を探っていた時である。

陽明丸の事蹟を注意深く追っていくと、いくつかの謎が浮かんできた。その謎を解こうとすると、どうしても大航海の背後に、ある作為的な、しかも大きな力が働いているとしか思えないのである。その謎を列記すると、次の七点となる。

【謎その1】陽明丸の大航海に関する日本側の記録は船長の手記以外は何も残っていない。これは不自然さを通り越して、むしろ奇妙ではないか?

船長の手記を除いて、公式・非公式、あるいは官庁・民間を問わず、この事蹟に関わる記録や報道記事等がまったく残されていない。ほぼ同時期に非常に似た事績が同じ東シベリアで起きている。あまりにも似ているので、陽明丸としばしば混同されるくらいだ。

それは、日本による「シベリアのポーランド難民孤児救出」である。シベリアで困窮(こんきゅう)し、生命の危機にあった多数のポーランド孤児。彼らの救援要請を受けた日本政府は、日本赤十字や軍を動員して大々的に救出活動を行なった。まずウラジオストクから敦賀まで、軍が手配した船で孤児たちを運んだ。国内で手厚い救護をしたのちに、故国ポーランドまで送り届けたのだ。

この時、日本の政府・軍当局は最初からすべて情報公開している。むしろ国威発揚のためであろうか、鳴り物入りで宣伝したふしがある。当然、記録はもちろん、各所に活動の痕跡がしっかりと残されている。

これとまったく対照的なのが、陽明丸の事蹟である。米露二カ国のみにさまざまな記録が残っているだけで、日本側はほぼ皆無である。もし船長の手記が残っていなかったら、証明する手だては何もなかった。おそらく、何者かによるある種の情報操作が行なわれていたのではないかと仮定した。報道規制や箝口令（かんこうれい）のようなものである。

では、誰がいったい何のためにそういう面倒なことを行なう必要があったのだろうか？　戦前の日本帝国は、世界有数の官僚国家であり、これが可能な唯一の組織は官、つまり国家権力と考えざるをえない。

あの陽明丸の大航海は何らかの特殊な事情で秘密にされたということになる。とすれば、人物Xは当時の国家権力に連なる位置にいたのではないか。

【謎その2】なぜ都合よく絶妙なタイミングで陽明丸を用意できたのか？

シベリア救護隊のアレン隊長は、ウラジオストクに出入りする多くの船舶会社に傭船を依頼し続けたが、すべて断られた。傭船料に見合わない難しい仕事であるうえに、リスクが途方もなく高かったからだ。米国政府さえも手を差し伸べることはできなかった。
白系ロシア人の船会社にも頼んだが、積み荷がペトログラードの子供たちと知ると拒否された。彼らが赤色国家に戻れば、いずれは兵士となって立ち向かってくるかもしれない。なるほど断るのは当然である。

頼りにしていた米国派遣軍はすでに撤兵し、ウラジオストクには日本軍しか残っていなかった。米国側の記録によれば、当時のアレンは、ロシア赤軍と日本のシベリア派遣軍という「二種類の敵」に包囲されたと感じていたらしい。そんな八方ふさがりのアレンに届いた朗報が日本船籍の「陽明丸」であった。

東京に帰っていたシベリア救護隊の上司、トイスラー博士が傭船を斡旋（あっせん）したことになっているが、いささか唐突で、どうも話が出来すぎているうえ、アレン自身、そのあたりの事情は何も語っていないようだ。そこが妙に引っかかる。考えられることは、アレンにとって妥協できる何らかの調整がなされたからではないか。

あえて言えば、水面下でシベリア救護隊と日本のシベリア派遣軍との間で利害が一致したとみるのが自然ではないだろうか。日本のシベリア派遣軍は、本心ではアレンと子供たちにウラジオストクを一刻も早く立ち去ってほしいという事情があり、文字通り「助け舟」を出したのではないか。Xはそのような裏工作に関与できる立場にいたと推測される。

【謎その3】貨物船「陽明丸」は急きょ大改装されたが、その工事期間はわずか一カ月余。担当官庁の許認可があまりにもスムーズに得られたのはなぜか？

米国赤十字社との傭船契約が交わされた貨物船「陽明丸」は、約千人分の船室と各種設備が設けられ、臨時の「改造客船」に仕立てられた。このように大がかりな船の改装工事を監督官庁（逓信省管船局）が簡単に認可するとはとても思えない。しかも一カ月余という改装工事期間は、米国側の記録にも残っているので間違いない。これも考えてみれば不思議なことである。

アレンにしても、貨物船を急きょ「客船もどき」に大改装することの大変さは承知していたものの、できるだけ早くウラジオストクから脱出しようと焦っていた。

船の総トン数が増加するだけではなく、千人もの船客を運ぶのだから、監督官庁のチェックをクリアしなければならない。いくら大正時代であっても、官僚統治機構は機能していた。法に規定された手続きを省いて勝手に船出することは違法であったはずだ。外国の港への入港時や臨検、海上保険加入の際も、公的書類に不備があれば当然ひっかかる。では、どうしてそのようにスムーズに事を運ぶことができたのか？

無茶な突貫工事を監督官庁に黙認させ、速やかに許認可を与えるよう、何者かが圧力をかけたからとしか考えられない。当時、官僚機構に圧力をかけられる特別な存在は、皇室か軍部しかなかった。そして、この大航海に皇室が関与した形跡はなく、残るは軍部ということになる。大正期の日本の軍部は、のちの昭和の軍部ほどワンマンでもオールマイティでもなかったが、それでも帝国陸海軍は天皇の直接の統帥権の下、行政最高機関である内閣からも半独立的な存在として隠然たる権力があった。

ましてや、当時の日本はシベリア東部に数万という兵を送り込み、軍事作戦を展開していた。最前線で強力な敵と日夜対峙（たいじ）していたシベリア派遣軍の発言は誰しも無視し得なかったであろう。もし彼らが東京の陸軍省を通じて、「帝国の安危（あんき）に関わる軍事的事案であるから、貴官の協力を求める」と官僚に圧力をかけたと仮定する。その場合、文官である役人が拒むことはむずかしかったであろう。

この人物Xは陸軍省や参謀本部、憲兵隊の上層部にも朋友（ほうゆう）がいたことがわかっている。ゆえに、これらを後ろ盾にして、必要な措置を関係部署の文官に強要するのは可能であったと思われる。

【謎その４】陽明丸の船長が茅原基治であったのは偶然か？

陽明丸の大航海は、想像を絶するほどの難事業であった。貨物船を突貫工事で改装し、多国籍の船客約千人を載せ、約三カ月かけて二つの大洋を渡った。

さらに乗組員たちは客船サービスの経験は皆無であった。陽明丸の船員にとっては、まさに「ストレスの連続」のような職場環境であった。

だが、彼らはこれらのハードルを見事にクリアしたのだ。それは、ひとえに茅原船長の並外れた統率力、自己抑制力、そして操船指揮能力の高さによるものだと断言できる。幸いにも、最適の船長が送り込まれたことが大航海成功の大きな要因であることに間違いない。だが、果たしてそれは偶然と考えてよいものか？

調査を進めるうちに、この人選も、人物Xが行なったのではないかと思い始めた。

これまでの定説、つまり「アレン→トイスラー博士→勝田銀次郎→茅原基治」とされていたものが、実は真逆の「人物X→茅原基治→勝田銀次郎→トイスラー博士→アレン」というふうに事が進んでいったのではないか、という推論である。

【謎その5】どこの船舶会社も敬遠したのに、なぜ勝田銀次郎だけが引き受けたのか？

傭船者であった米国赤十字社の記録によれば、陽明丸はまるで呼んだら来てくれるタクシーのように扱われている。米国側の見解で最も不満なのは、「陽明丸が来たのはビジネス上の取り引き」という木で鼻をくったような説明で、日本側の善意や侠気というものをまったく評価していない。

たしかに、米国救援隊がウラルで子供たちを救出し、地球をほぼ一周して親元に届けたことはいくら賞賛してもしきれない。だが、彼らに忘れてほしくないことがある。一日も早くウラジオストクを脱出しようと、アレンが船会社に片っぱしから依頼してもすべて断られていたという事実である。

「下手な鉄砲も数撃てば当たる」どころか、勝田銀次郎が引き受けなかったら、一発も当たらなかったのだ。もしビジネスとしてうまみがあれば、国籍を問わずどこの船会社も競って引き受けただろう。それが、すべて断られたというのは、引き受けるには、あまりにも割に合わなかったからだ。しかも、高いリスクを背負いながらも、何かのトラブルで運航中止ともなれば、その責任を米国側から追及されるのは必至である。もし機雷で爆沈しようものなら世界中から非難されるだろう。

内戦に勝利しつつあった赤色ロシアは勢力を伸長しつつあった。モスクワを司令部に、世界革命を目ざすコミンテルンも結成されたばかりだ。のちにスターリンが一国社会主義論に方針変換するまでは、モスクワの指導者たちは、本気で世界革命を推し進めようとしていた。つまり、赤色ロシアに敵対ないしは好意的でない国々には「お前の国で革命を起こさせるぞ！」と恫喝し始めていた。クレムリンの連中にしてみれば、シベリア出兵で母国ロシアに土足で入り込み、内戦で敵側を支援してきた国々（日本および英仏米）は許せなかったことだろう。

このように、「超問題案件」の傭船オファーであった。一流の企業人であった勝田銀次郎が単なる義侠心だけでそれを引き受けたとは思えない。このような高いリスクを、情実だけで引き受けたとするのは、あまりに短絡的だろう。当時の日本の船舶会社は、勝田汽船以外にも日本郵船や山下汽船など、大手中小がいくつもあった。それらの会社は沈黙し、なぜ勝田汽船のみが引き受けたのか？

形式上は民間ビジネスであるが、実際は外交・軍事に微妙に影響するきわめて特殊な事案である。国や軍部に無断で、勝田が傭船を受け入れるものだろうか。義侠心に加えて、もう一つ何か強い力学がそこに働いたのではないだろうか。

逆に官憲側から、勝田に内密に強い協力要請があったとすればどうであろう。因果を含めて、「この仕事の成否は、日本帝国の安危に関わるものだ。なんとか引き受けてもらえないか」と迫られた可能性である。愛国心の強い勝田のことだから、「そこまで頼まれるのでしたら、お国のためにやりましょう」と、覚悟を決めて、この難事業を引き受けてしまったのではないだろうか。このような裏工作を仕掛けたのが、人物Xではなかったか。

【謎その6】陽明丸のウラジオストク入港時、日米の軍当局の対応が異なったのはなぜか？

船長の手記に以下の記述がある。

「『陽明丸』が煙突に赤十字、舷側にアメリカン・レッドクロスと大書し、メインマストに、米国国旗と赤十字旗を連掲し、船尾に大日章旗を翻して入港すると、わが警備艦『肥前』から、何かしきりに手旗で信号していたが、投錨するやいなや、一団の水兵がボートで漕ぎ着けた」（二二一ページ）

この文章の後に、海軍水兵の一隊と陽明丸の乗組員らがすぐ打ち解けた旨の描写が続く。この「警備艦肥前」というのは、日本海軍の戦艦「肥前」（排水量一万二七〇〇トン）であり、シベリア出兵時にはウラジオストクの海防の要として、湾内に停泊して周囲に睨（にら）みをきかせていた。

船長の手記には、「少将旗を高く掲げていた」という記述もあり、出兵当時の海軍派遣部隊司令官の旗艦（川原袈裟太郎（かわはらけさたろう）少将座乗）でもあったのだ。ちなみに川原少将は日本海軍におけるロシア通として知られていた。

そのような、ウラジオストク港を警備する要の軍艦から、陽明丸が「投錨するや否や」水兵の一隊が訪問したということだ。一応、これは港湾警備のルーティン対応であった、としよう。

だが、さらに船長の手記では、陸軍側の対応として「一日、訪問を受けた某参謀大尉に……」と続いている。考えてみると、これは尋常ではないような気がする。海軍だけではなく、陸軍も将校を差し向けて、陽明丸の到着をチェックさせていたわけだ。しかも、単なる警備隊の指揮官ではなく、シベリア派遣軍司令部付幕僚と思われる参謀将校である。

警備隊の士官であれば、単なるルーティン・チェックということもあり得ただろうが、こちらは通常は陸大出で、参謀飾緒を吊るしたエリート軍人である。

軍艦でもない一民間船の出入りに、派遣軍司令部の参謀将校がいちいち訪れるという仰々しいことはあり得ただろうか。

筆者にはこれらの描写からは、シベリア派遣軍当局が陽明丸の特別ミッションに関与していたことを匂わせているようにも思えるのだ。「関与していた」と軽々に断定すると、お叱りを受けるかもしれないが、少なからぬ関心を寄せていたことはたしかであろう。

当時ウラジオストクには日本海軍だけでなく、米国も防護巡洋艦「ニューオーリンズ」を停泊させていた。

米軍地上部隊は一九二〇年四月にはすでに市内から撤退していたが、ごく少数の海軍艦艇のみが交替で、反過激派各国官民への支援任務に就いていた。おそらくは残留していた日本軍への監視も兼ねていたものと推察する。

だが、アレンがこの米艦とコンタクトがあったとは米国側の記録には見当たらない。船長手記にも述べられていない。もし、そうであれば、米国赤十字が傭船し運用する陽明丸に対して、肝心の母国の軍艦があたかも無関係のようにふるまっていたことになる。考えてみると、これも奇妙な話である。

その背景として思い当たることがある。以下は筆者の推論である。

まず、当時の日米両国派遣軍の関係は決して良好ではなく、むしろ冷え切っていたことだ。ロシア十月革命に一定の理解を示し、過激派政府との外交・経済的接点を意識していたウィルソン米大統領の思惑を反映して、米国派遣軍は日本軍の討伐最優先とは異なる、穏健な方針に終始していた。

とくに派遣軍司令官グレーブス将軍は、日本軍が指導・援助していたコサック系の白軍諸将を蛇蝎（だかつ）のように嫌っていた。彼らを庇護（ひご）し、使役（しえき）する日本軍に対しても、領土的野心を抱いていると、常に猜疑（さいぎ）の目を向けていた。

日本軍は日本軍で、主敵である過激派討伐に消極的であり、時としてむしろ宥和的（ゆうわてき）な姿勢さえ見せる米軍に強い不信感をつのらせていた。

おそらく、米軍当局はこのような状況下で、アレンがいくら切羽詰まっていたとはいえ、よりにもよって日本から船を調達したことに不快感を抱いたのではないだろうか。

一方、アレンはアレンで、傭船に際しての軍当局の冷淡な扱いに憤っていた。

ワシントンの米国赤十字本部の上司に宛てた、一九二〇年六月七日付けの書簡で、アレンは陽明丸確保の件を報告している。それと同時に、「十分な輸送能力がありながら、ロシアの子供たちの移送には何もしてくれなかった」軍当局への強い不満を漏らしている。

実際の話、この当時の米国陸海軍は帰還兵などの輸送のために多くの船舶を稼働させていたのだ。

つまり、日米両国の軍当局による陽明丸への異なる対応は、これら両国の同床異夢の関係性を物語るものではないだろうか。

そうであれば茅原船長が「この航海には日本軍が関係していた」と、はっきり書けばよかったのにと反論されるかもしれない。

たしかに、その方が、論旨が直截（ちょくさい）でわかりやすい。だが、それには当然、書けない理由があったからと答えるしかない。

ひと言で言えば、用心深い茅原船長の防御策ではないだろうか。

つまり、ある種の特別ミッションとはいえ、当時の軍関係者が米露とつながりを持っていたと書けば、まずかったであろう。陽明丸の事蹟は、軍の正式な戦史には記録されていないからである。

また、船長の手記が書かれた一九三四（昭和九）年当時、親米または親露的と見なされることは、右傾化していた当時の国策になじまないもので、下手をすれば「国賊」の烙印（らくいん）を押されかねない。実際、この手記発行の三年前には満洲事変が起きていた。二年後には二・二六事件が発生し、それまでかろうじて回っていた議会政治が終焉期を迎えていた。

そして、人物Xや勝田銀次郎など関係者がまだ存命の頃であった。迂闊（うかつ）なことを書くと、これらの人々を巻き込んでしまう恐れがあり、十分に注意を払う必要があった。

だが、その一方で、船長は軍関係の関与があったことを手記でそれとなく後世の我々に暗示しているような気がしてならない。

それが、意識的か、無意識かは知るよしもないが……。

そして、最後の謎である。

【謎その7】なぜ日本がロシア子供難民の船舶輸送に関わったのか？

よく考えてみれば、米国赤十字シベリア救護隊が子供たちを連れて洋上への脱出を焦っていても、所詮は彼ら自身の問題であった。日本には関係のない話である。だが、実際には深く関わってしまった。この点を、あまり考えずに素通りしてしまいがちだが、何か腑に落ちないものをずっと感じていた。

前述のように形式上は「民間ビジネス」の体裁をとっていたが、日本側が割に合わないリスクを負って陽明丸の大航海を実現させたとしか思えないのである。この点を米国側やロシア側は何ら疑問を呈していないのが、不思議と言えば不思議である。

筆者の立てた仮説は、陽明丸の運航に関して、日本の官憲、とくにシベリア派遣軍が水面下で関与していたというものである。では、なぜ日本側がそのような煩わしいことをあえて行なう必要があったのか?

陽明丸がウラジオストク港を出港したのは、一九二〇年七月である。この時期はアレンや子供たちだけでなく、日本にとっても大事件が次から次へとシベリアで起きていた。

前年の一九一九年一一月、オムスクの白軍政権が赤軍大攻勢で崩壊し、多数の敗残兵や避難民が東部シベリアに逃げ込んできた。勢いづいた赤軍主力部隊も大挙して極東ロシアに押し寄せてきた。土着のパルチザンと連携し、白軍勢力と日本軍に一段と強い圧力をかけてきたのだ。

また、アレンが必死に脱出法を考えていた一九二〇年春、「尼港事件」の惨劇が起きた。シベリア沿海州のニコラエフスクで、約七〇〇人の日本軍守備隊・在留邦人が包囲され、地方パルチザン軍に惨殺されたのだ。白系と疑われたロシア人市民も数千人が虐殺され、街は焼かれてニコラエフスクは廃墟と化した。この前年の冬にも、アムール（黒龍）州ユフタでパルチザン軍による「田中大隊全滅事件」が起き、情勢は思わしくなかった。

果てしなく守備範囲が広い、不慣れな厳寒のシベリアの地。敵の姿が見えない対パルチザン戦で日夜、神経を磨り減らす現地の将兵の士気は著しく低下していた。もはやシベリアで政治的・軍事的に孤立を深めていた日本軍は、遠からずのうちに全面撤退するしか道はなかった。しかも皇軍のメンツや撤兵時の安全を保ちながら行なわなければならない。時の日本政府や軍部はそういう難しい状況判断を「待ったなし」で迫られていた。

一方で、第一次世界大戦を契機に、衰退した英国に代わって超大国に躍り出た米国から日本は警戒され、白眼視されつつあった。急速に強大化する米露両国に日本帝国は、いわば挟撃され始めていたのだ。

現地のシベリア派遣軍司令部にすれば、安全かつ名誉ある撤兵のためには、これら両国との駆け引きに失敗するわけにいかない。とくに赤色政府と日本軍支配地域との緩衝国家である「極東共和国」がやっとできたばかりだ。シベリア派遣軍は極東共和国との停戦交渉と同時並行で、部分撤退と思い切った戦線縮小に取りかかる矢先であった。そのような極めて微妙な時期に、彼我のバランスを崩すようなことが起きてはならない。

仮にウラジオストクで、突発的な軍事衝突が起きたとしよう。それに巻き込まれて、八〇〇人の子供たちと救護隊員が多数死傷したらどうなるか？　彼らにとっては想像するだけでも悪夢であったはずだ。米軍はすでに撤退しており、各国の撤兵方針に逆らって日本軍のみが駐留を続けていた。

米露のみならず、世界中から日本の不手際への非難の大合唱が沸き起こるだろう。国内外ともに、ただでさえ評判のよくない日本軍のシベリア出兵であった。とどめを刺すほどのダメージになりかねない。

この不安を裏付ける出来事が、すでに発生していた。一九二〇年四月、米軍の全面撤退直後に、シベリア派遣軍は沿海州一帯の過激派軍に対して大規模な武装解除作戦を行なった。各地で激しい戦闘が起き、ウラジオストク市内も例外ではなかった。ペトログラードの子供たちも幾人か、この時の軍事衝突で危ない目に遭っている。

また殺気だった日本兵たちが、シベリア救護隊の朝鮮人臨時職員を十数人、抗日パルチザンと疑い、連行した。すぐさまアレン隊長が派遣軍司令部に抗議し、銃殺寸前で無事かえされたと、米国側の記録にある。

いずれにしても日米双方が共倒れになる最悪のシナリオだけは避けねばならない。そのためには唯一の方法しかなかった。それは厄介な存在である彼らを一日でも早く洋上に逃すことだった。

そのためにはシベリア派遣軍当局が秘密裏に関与する必要があった。だが、米国政府と同様、日本も政府や軍が表に立つのはまずかった。表面上はあくまでも「民間ビジネス」を装いつつ、とにかく早急に出立させねばならない。そのような差し迫った動機が、現地のシベリア派遣軍に生じていたのではないだろうか。

そのような判断に関与したのが、人物Xであったと筆者は推察する。

五人目の男？ 石坂善次郎将軍

以上の推論を裏付けるための証拠集めをここ数年かけてやってきたが、人物Xの関与と断定する直接証拠はいまだに見つかっていない。

本人はすでに故人であり、当然ながら告白も得られていない。ただ、かなり有力なものも含めて、状況証拠はいろいろと集まっており、「動機」や「アリバイ」についてもXを仕掛人とする仮説を裏付けるに十分足るものと思う。

さて、このXの正体だが、茅原船長の親族であり、シベリア派遣軍の高級幹部（諜報担当）

ようやく探し当てた石坂善次郎将軍の写真。武人というより外交官あるいは能吏（のうり）という印象を受ける。陽明丸の大航海を成功に導いた影の功労者と筆者が推定する人物。（『遊就館史』偕行文庫蔵）

石坂善次郎（いしざかぜんじろう）少将（最終階級は陸軍中将）であったというのが筆者の推論である。

石坂善次郎は一八七一（明治四）年、兵庫県に生まれ、陸軍軍医総監・石坂惟寛（いしざかいかん）の養子となる。陸軍幼年学校を経て、陸軍士官学校（一期）を卒業。砲兵少尉に任官し近衛砲兵連隊付となる。

陸軍砲工学校を経て、一九〇〇年、陸軍大学校（一四期）を卒業。参謀本部に出仕し、参謀本部員となる。ウラジオストク駐在、大本営付などを経て、一九〇四年三月、第二軍諜報参謀として日露戦争に出征した。戦後、ロシアに差遣（さけん）され、オデッサ駐在となる。一九〇九年、野砲兵第五連隊長となり、第五師団参謀長。第一次世界大戦ではロシア大本営付きとなり観戦武官としてロシア軍に従軍。一九一六年、陸軍少将に昇進。

一九一七年一月から一九一八年四月までロシア大使館付武官を務めた。野戦重砲兵第一旅団長を経て、シベリア出兵では浦塩派遣軍司令部付となり、一九一九年二月から一九二一年三月までハルビン特務機関長を務める。一九二〇年八月、陸軍中将。

一九二一年四月から由良要塞司令官を務めたあと、翌年八月に待命となる。一九二三年三月、予備役に編入、その後、靖国神社遊就館館長を務めた。一九四九（昭和二四）年二月、死去。享年七八。

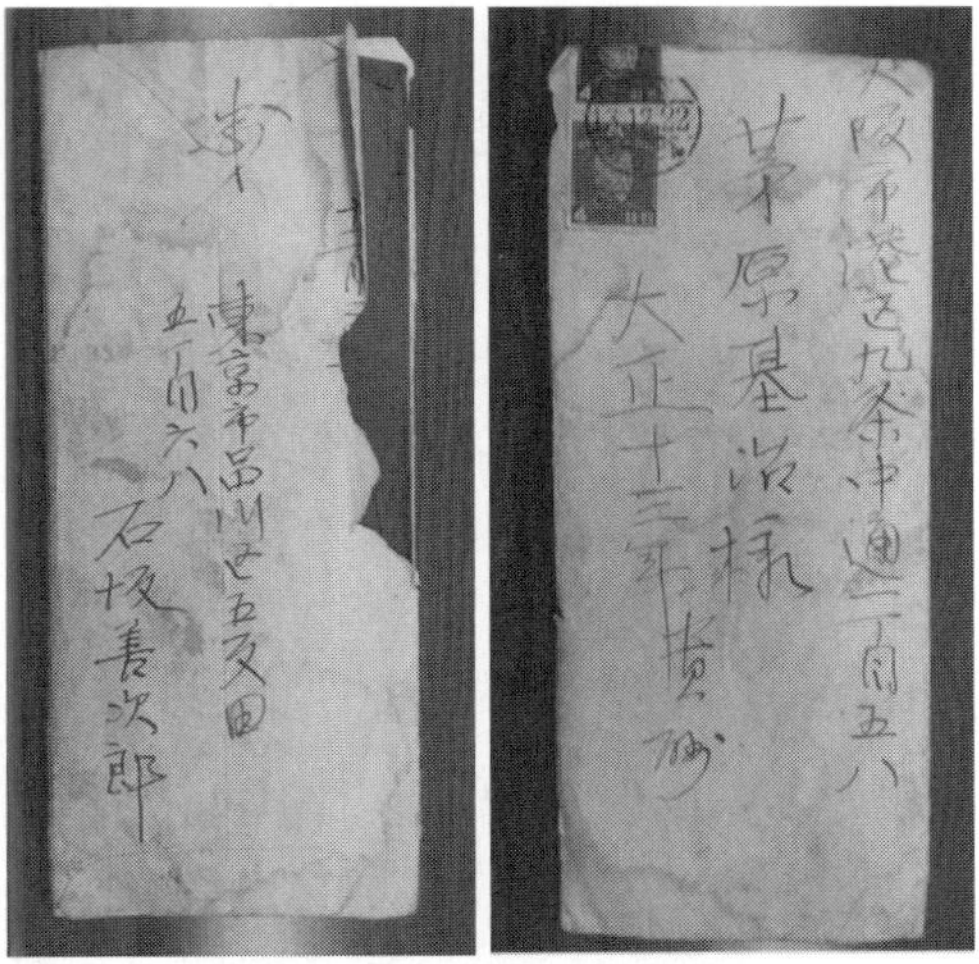

親族の茅原基治に宛てた石坂善次郎の書簡の封書。最近発見されたもの（NPO人道の船 陽明丸顕彰会蔵）。現時点では「陽明丸の事績」に関する記述は見つかっていない。

これが、石坂善次郎の経歴である。まず軍医総監を養父に持つ家柄。陸軍幼年学校を出て、士官学校に進み、さらに陸軍大学校まで卒業したという学歴。これだけでも、彼があまたの軍人の中でも、相当のエリートであったことは明らかだ。さらに石坂将軍は、ほぼ一貫して対ロシア専門の幹部級課報員であった。とくに注目するのは、革命当時、日本大使館付武官としてペトログラードに滞在し、革命の実態に関する詳細報告を軍を通じて政府に送り続けたこと。さらに陽明丸の航海が行なわれた、まさにその時期、シベリア派遣軍諜報機関の重要部署であるハルビン特務機関長であったことだ。当時、特務機関は諜報任務だけでなく、白軍諸派の指導・支援や各種の軍事外交、謀略工作を担っていた。さらに言えば、石坂善次郎は「陽明丸」船長の茅原基治とは血を分けた親族で、従兄弟叔父（いとこおじ）にあたる。

ただし、この「『陽明丸』七つの謎」は、あくまで第二部執筆者（一柳）の私論であり、残された「陽明丸」にまつわる謎や疑問を提起したものである。ご興味のある読者は、ライブドアの筆者ブログ記事『米露を出し抜いた日本陸軍特務機関長」において、さらに論考を展開しているので、ご覧いただければ幸いである。

第三部　茅原船長の手記

（茅原基治）

赤色革命余話

ロシア小児団輸送記

（注：現代かな遣いに改めました）

人生五十と云う峠に達し、過ぎて来た坂道の中で、最も深く印象に残っているものを綴り、年賀状に代えました。

昭和九年元旦　　茅原基治

小児団の由来

一九一七年三月のロシア大革命に続いて、帝政当時の権門（けんもん）富豪および知識階級を目標とした、戦慄的大暴動が勃発し、瞬時にして、首都ペトログラードを席巻（せっけん）した。

その放火、掠奪、暴行、殺人などの大惨禍の中から、親を顧み弟妹をかばういとまなく、わずかに身をもって脱出し、惨火の東漸とともに、あてもなくシベリアの荒野に彷徨い出、シベリア遠征中の連合国軍に救われ、続いて米国赤十字社派遣部隊に収容され、ウラジオストク付近の旧兵舎に、味気ない日を送っている九百人に近い婦人小児の一団があった。

輸送準備

米国赤十字社は、もちろん、人道的立場から彼らを救護していたのであるが、一団の子弟の多くが、上流権門の人々であったため、帝政復活後、外交上優越の地歩を占めんとする、ヤンキー一流の政策であるとも噂されていた。

が、いずれにもせよ、共産党駆逐の連合軍も、復辟派もいっこうに振るわず、ソビエト政権はますます堅実性を帯びてき、荏苒ウラジオストクに淹留し難い情勢となったので、米国はこの一団をフランスに移すことに決し、貨物船「陽明丸」を傭船した。

そしてこれに一時的ではあるが、中甲板全部を客室にし、上層甲板下に病室、浴場などを設け、また客室の換気を行なうため、要所要所に八個の電気通風機を据えつけるなど、ちょっとした汽船には見られないほどの、立派な設備を施した。

任侠に富める船主、勝田汽船株式会社社長勝田銀次郎氏から、数万円の材料の寄付があり、大阪鉄工所因島工場の、犠牲的奉仕があったにもかかわらず、工事費十数万円を要したのを見ても、その設備の完璧さが窺い知らされよう。

航路の選択

ウラジオストクからフランスへの航海は、通常なら支那海、インド洋からスエズ運河を経由すべきであるが、時あたかも夏の真っ盛りで、小児たちの保健上、インド洋の航海を避けたいという、医官の注意と、米国赤十字社員の要望から東回り、すなわち太平洋を横断し、サンフランシスコに寄り、南航してパナマ運河を通過し、再び北上してニューヨークに寄港し、それから一路大西洋を東航するに決定した。

そして「陽明丸」は、航海上最も適当の喫水を整えるため、ニューヨーク行きの砂糖四千トンを積んで神戸を出帆し、途中門司で、焚料炭と淡水を積み込み、いよいよウラジオストクへ向かった。

神戸からウラジオストクまで、航程八五〇海里。

ウラジオストクの港口、ルシアル（注：ルースキー）島の海岸一帯で、待ち設けていた一団の子女たちは、「陽明丸」の姿を見ると、一斉に歓呼の声を上げて迎えた。時に一九二〇年七月九日。

ウラジオストク

「陽明丸」が煙突に赤十字、舷側にアメリカン・レッドクロスと大書し、メインマストに、米国国旗と赤十字旗を連掲し、船尾に大日章旗を翻して入港すると、わが警備艦「肥前」から、何かしきりに手旗で信号していたが、投錨するやいなや、一団の水兵がボートで漕ぎ着けた。

任務こそ違え、等しく海の子である乗組船員と水兵の間には、初対面の挨拶など面倒なものは全然不要で、たちまち肩を組んで一団となり、互いにニュースの交換を始める。その情景は極めて親密で、実に美しいものであった。

ウラジオストクの陽明丸

ところが、陸軍のほうは、そうでない。

その当時はまだ、相当の部隊が市中に駐屯していたが、上陸場や市中で出会っても、多数のカーキ服は、会釈一つ交わさぬ全然路傍の人にすぎなかった。

一日、訪問を受けた某参謀大尉に、こちらで遠征の労をねぎらうつもりでも、「はい。そうであります」と答えられると次の句が出ないと話したところが、これは痛み入ったと笑っていた。

ソビエト政庁および諸官衙（かんが）はもちろん、大建築物にはことごとく赤旗を掲げているが、港口の大要塞や付近の高地には日章旗が翻り、港内には少将旗を檣頭高く掲げた我が軍艦「肥前」が、武装を解除した小艦艇や壊敗した仮装巡洋艦（これは我が国から返還した「姉川」艦であった）を監視している。

外国の港で、旭光燦然たる軍艦旗を拝する時、われら海の子は言い知れぬ心強さと、親しみを感じ、しかも厳粛な気持ちに打たれる。

かつて米国西岸、ことにカリフォルニア州方面に排日気運が濃厚となり、在留邦人が心痛していたとき、我が練習艦隊の「出雲」「八雲」「磐手（注：浅間）」の三艦が、舳艫相銜み、サンフランシスコ港港頭にその雄姿を現した。

サンフランシスコ在留者はもちろん、百里の道を遠しとせず、馳せつけた多数の邦人は、声を上げて泣いて喜んだという。

いかに頑冥な軍縮論者といえども、海外で旭光輝く軍艦旗を拝したなら、たちまち心境に一大変化をきたすであろう。そして、彼らは言うであろう。

「軍艦は侵略的武器でない」と。

港の正面、高台の一角に聳えていた、ウラジオストク最大の百貨店、クンストアルバース（注：クンスト・ウント・アルバース）は、革命直後暴徒の襲撃を受け、しかもその経営者がドイツ人であったため、掠奪は徹底的に行なわれ、室内の装飾は何一つ残らず、壁まで所々剥げ落ちて、まるで廃墟になっており、この他の大商店も往日の面影をとどめず、加うるに新ルーブル紙幣に対する不買断行で、陰惨な空気は全市に沈滞していた。
そして街路では、よれよれの服を纏った警吏や、疲労困憊、喪家の犬のようにオドオドした市民らが、隊伍整然と市中を巡察する各国連合軍や、我が巡察隊を羨ましそうに見送っていたりした。

専制抑圧に憤起したスラブ民族は、革命によって何を得たか？　共産政治を説く者は、まずこの現実を凝視する必要があろう。

着港後昼夜兼行で、給養品、食料品などを積み込み、一三日の午後、一行九六〇名を乗船させた。すなわち、

ロシア男児	四二八名
ロシア女児	三五一名
ロシア婦人	八七名
ドイツ・オーストリア兵士	七七名
米国赤十字社幹部	一六名
米国ＹＭＣＡ派遣員	一名

これを十数班に分かち、別に少年団および少女団を設けて、監督指導に当たらせている。

小児は一〇歳前後が最も多く、中には四歳、あるいは二〇歳ぐらいな者もいたが、その年齢の平均は一二、三歳であった。

婦人は二二、三歳から三〇歳ぐらいまでで、なかには立派な画家もあり、いずれも相当教養のあるところから、小児たちの教師や病室勤務に当たっていた。

この婦人連の中には、英語を解する者もあったが、いたずら盛りの小児たちとは、言語が通じないので、全航程を通じて閉口した。

八百にちかい小児の一行中、親または兄弟姉妹と共にある者は指を屈するほどで、ほとんど総ては惨火の中で親、兄弟姉妹と生別し、今は生死も不明ながら、父恋し母恋し、兄は……、妹は……と、思いを遠く西ロシアの空に馳せている。可憐な薄幸児ばかりであった。

小児団の幹部

米国赤十字社の構成は、我が国のそれとよほど相違するところがあり、幹部はことごとく軍職にある人で、
隊長　アレン中佐
副長　ブラムホール少佐

医務長　　エバソール軍医少佐
衛生係長　デビソン軍医少佐
主計長　　ローラン大尉
警務係長　ウォーカー大尉
給養係長　アンブロース中尉
ほかに軍医　三名

以上のほか、小児たちから「マザー、マザー」と、慕われている米国赤十字社婦人部派遣の、キャンブベル（注：キャンベル）夫人とYMCA派遣のウード氏の二人は、もっぱら小児団の娯楽と体操に当たっていた。

ドイツ・オーストリア兵士は、東部戦線でロシア軍に捕らえられていたもので、革命騒ぎにその収容所を脱出し、シベリア派遣の連合国軍の手を経て、米国赤十字社派遣部隊に収容され、この一団の炊事、雑務を担当していた。

一時に九六〇名の珍客を迎えた「陽明丸」は、六〇余名の乗組員を合わせて、一千数十名の大きな俄(にわか)世帯となり、上へ下への大混雑裡に、七月一三日の夕刻、室蘭に向けてウラジオストクを出帆した。

ウラジオストク―室蘭

出帆当夜は、放たれた小鳥のように、上甲板を駆け回る小児もあれば、遠く水平線に明滅する港口の、アスコルド島灯台をもの思わしげに見送る婦人たちもあった。

翌朝は、もう一物も眼を遮るものもない日本海の海原だ。

大陸ロシアに生まれてロシアに育った小児たちだ。はじめて海に出た嬉しさと珍しさに、歓声を上げて騒ぎ回って喜んでいた。

嬉しいか、騒げ、薄幸の小児たち！　せめてこれが、幸福への、船路の旅であることを祈りたいぞ！

午後になって、行く手の水平線に、ポツリと浮かんだは、海抜七〇四メートル（二千三百余尺）の大島。続いて三〇九メートル（一千余尺）の小島。それから、奥羽、北海道の、山々の姿が見えだした。

日没後間もなく、白神崎灯台の灯光が見えだすと、小児たちは船首楼上に、黒山の如く盛り上がって騒ぎ立てた。

一五日はまた早朝から、漁船を指し海岸を眺め、津軽海峡東北端の、恵山灯台におもしろがり、峻峰駒形の火山を仰ぎつつ、正午頃、室蘭の港に入港した。

この航程四七二海里。

室蘭港

ウラジオストクで積み込んだ牛肉に、不良のものがあったので、室蘭で百ハインド・クォーター（二五頭分）買入れの必要を生じ、それと野菜類約五千斤とを、航海中無線電信で注文しておいたのだが、「陽明丸」の使命を知らなかった船主代理店では、とんでもない誤電と笑殺していた。で、入港後、「陽明丸」が千余名の大世帯と知って、俄に狂奔し、最大の努力によって、やっと掻き集めたのが、一二頭分。しかも牛肉代用の肉類がないので、何事も大袈裟な米人をして、「プア・ポート（貧弱な港）」と冷評せしめたのは、誠に遺憾であった。

日本という国へ一歩でもと、上陸を熟望する一行のため、当局にそれぞれ手続きしたところ、室蘭水上△△△（注：原本伏せ字）は、思想問題、講和条約批准未了の理由で、米人以外は罷（まか）りならぬと拒否された。

そこで、ソビエト政権に追われた、しかも頑是（がんぜ）ない小児たちに、赤い思想のあるはずのないこと、一路帰国を急ぎつつあるドイツ・オーストリア兵士が、言語不通の上、土地不案内の室蘭に留まるはずのないこと、なおまた米国赤十字社が、保護監督している一行であるから、上陸拒否は当を得たものでないことなどを力説し、やっと船長がその責任を持つことで諒解を得た。

これで、わが国の△△の頭が、いかに不敏で融通が利かぬかに、呆れているところへ今度

は、一応臨検するといって来船した△△員数名が船内を一巡して後、

「何か御馳走を、なるべく洋食が欲しい」

との御託宣だ。

時まさに午前一一時一〇分、食料淡水の補給を終わり次第、出帆するので繁忙を極めている際、ことに外人環視の真っ只中へ、花見気分で御輿を据える△△根性の陋劣さと、非常識さとには舌を巻かざるを得なかった。

相手はイン・ザ・ネーム・オブ・ピープルス（人民の名において）の米人だ。この醜態を――筆者は敢えて醜態という――何と見たであろうか。

室蘭埠頭の一行（右端はアレン隊長）

この間にあって、代理店栗林商店の親切機敏なる挙措と、室蘭中学校の厚意、および室蘭区役所の歓迎があって、△△のため傷つけられた面目を和らげ得たのは、室蘭区民のため、また日本のために善ばしいことであった。

栗林商店は前記大量の食料品を、短時間内に調達するために、社員を各所に派遣し、一方、一行の上陸のために艀船や小蒸汽船を用意し、さらにまた、キャンプベル夫人の買い物のため

に社員瓜生氏を、官衙訪問のアレン隊長のためには、室蘭中学校に乞うて日沼教諭を、それぞれ通訳に当たらしめられた。

室蘭区役所は吏員数名を上陸場に派して一行を迎え、直ちにこれを小学校に案内し、茶菓を供し絵葉書を贈り、学童の柔剣道試合を見せ、校庭では言葉は通ぜぬながら、偽らぬ純真な日露児童が、互いに手を握り肩を打って戯れ、交歓少時の後、一行は市中を一巡して夕刻帰船した。

学校で、気の毒な一行の話を教えられた児童十数名は、それぞれ菓子や果物を携え、後を追うて来船し、手真似や身振りで、面白くおかしく、青いお眼々の子供と遊び戯れた。

キャンブベル夫人は、これを見て泣いて喜び、アレン隊長は直ちに長文の電報で、東京公使館およびワシントン本部に報告した。
△△の陋劣さに暗くなっていた乗組員の顔も、すっかり朗らかになり、室蘭区民に感謝しつつ、七月一六日午前、サンフランシスコに向け出帆した。

室蘭—サンフランシスコ

室蘭出帆後は、逐日船内も整頓し、子供たちも落ち着いてきたが、何しろ、育った国が大陸で、しかも子供のことだ、海事思想など微塵も持ち合わせず、水道と同じに考えて、遠慮会釈なく淡水を濫費し、いくら注意しても寸効なく、ついに一日の使用量百トンを突破するに至ったので、ウォーカー大尉と相談して、給水時間を定め、その時間外は各給水パイプに海水を送流した。

茶目連もこれには降参して、洗面所で渋い顔を並べておったが、誰が教えたのか、日本語で「兄さん」とか「おじさん」とか呼んで、

「どうぞ水を下さい」

と、やりだし、乗組員を困らせるようになったのは、むしろ滑稽であった。

万一に処するための短艇操練を、七月一八日から始めた。

まず救命浮帯の使用法と、警笛信号で集合すべき場所を教え、はじめの一週間は毎日定刻に、以後は随時警笛信号でこれを繰り返し、次いで短艇を水面に下ろす作業を、船員と協同で練習させたが、後には速いのは七分ぐらいで準備するようになった。

この操練は乗組船員はもちろん、乗客にも大切なことで、全員が一糸乱れず、所定のとおり行動すれば、「ばいかる丸」問題のごとき馬鹿馬鹿しい騒ぎは起こらない。

乗客は乗船後、第一に自分の乗るべきボートは覚えておくべきもので、救命浮帯のごときは、船に乗ると乗らぬとを問わず、海国日本人なら、誰でも平素からその着用法を心得ておく

のが当然だと信ずる。

「屋島丸」遭難の際に救命浮帯を完全に着用しておった人は皆無であったというではないか。かつて英国海岸で、二千トンほどの客船が、濃霧のため座礁して沈没に瀕した時、乗客が先を争って乗り込むので、せっかく水上に下ろしたボートが危険に陥った。その時船長は拳銃を擬して、所定の人以外の乗艇を拒否し、騒ぎ回る乗客を鎮めて順序に全部を救助した。

短艇（ボート）操練（左端はローラン大尉）

もし、日本の船長がこれをやったなら、「ばいかる丸」問題をさえ、あれほど書き立てた新聞紙は、何というだろうか？その毒筆は想像に難くない。

海を知らぬ国民と新聞屋さんよ。

英国の商務院はこの船長に勲章を贈って、その行動を賞賛したことをよく覚えていて、海難事故のあった時、無責任なカラ騒ぎと、毒筆を振るわないように願いたいです。

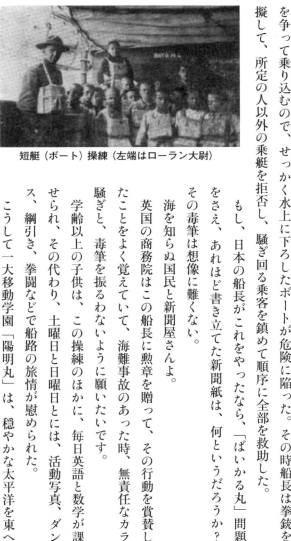

学齢以上の子供は、この操練のほかに、毎日英語と数学が課せられ、その代わり、土曜日と日曜日とには、活動写真、ダンス、綱引き、拳闘などで船路の旅情が慰められた。

こうして一大移動学園「陽明丸」は、穏やかな太平洋を東へ東へと進航した。

汽船が大洋を航海する間は、標準時を用いず、毎日の正午の位置に応じた「時」を使用する。したがって毎日毎日、その航海海里数に応じて「時」を進め、あるいは逆戻りさせねばならぬ。

「陽明丸」は東へ東へと、日々二八〇、九〇海里を航走し、経度が六度ぐらいずつ東へ移るので、毎日時計を二四、五分ずつ進めていく。一行は毎日正午に、自分の時計の遅れているのを不審がるので、繰り返し繰り返し右の理由を説明しても、なかなかわかり難いか質問を続けているうちに、七月二三日、一八〇度線を越え、経度が東経から西経に移り、翌日もまた二三日と、同じ日付を重ねたので、いよいよ不可解な出来事と、質問の矢を浴びせてきた。

何でもないことであるが、奇異の感を起こす人が案外多いので、ひと通り説明することにした。

地球は東に向けて自転し、一回転に二四時間を費やしている。そして地球は、三六〇度の経度に区分されているから、経度一五度が回転するのに一時間、すなわち経度一度につき四分間を要する。

船が静止している間に、太陽の位置が経度の六度だけ変わったのなら、時計はそのままでよいが、船自体が東走して、六度東へ移ったのであるから、六度西の位置の時刻を標準とした時計は、二四分だけ進めなくてはならぬ。

また日付を重ねるのは、経度が一五度で一時間の差があり、西は東より遅いことを念頭に置いて、一八〇度の経度線に立って考えるとわかりやすい。

東経一八〇度が一日の夜半の時は、東経九〇度は午後六時、経度零は正午、西経九〇度は午前六時、西経一八〇度は一日の午前零時である。

そして、東西に別けても一八〇度は一つの線であるから、西から東への航走の場合は、一日の夜半すなわち午後一二時から一日の午前零時に移る。

今度は反対に、西経一八〇度が夜半の時は、西経九〇度の所はそれより六時間を経過した二日の午前六時で、経度零が二日の正午、東経九〇度が二日の午後六時、東経一八〇度ではさらに六時間を経過した、二日の夜半ですなわち三日の午前零時である。

つまり、西経一八〇度線で二日は消滅し、東経一八〇度線は三日の午前零時になっている。この一八〇度線を、東から西へ航走する場合は、消滅した二日の日付はなくなり、一日から三日に飛び越すのである。

その地の経度に応じた「時」を、陸上で使用すると、神戸の正午は横浜の午後零時二六分、門司では午前一一時三六分と、各地各様の時刻であるため、通信交通上不便極まるから、日本では東経一三五度（明石）の正午をもって、内地全般の正午とし、台湾、朝鮮、関東洲では東経一二〇度の地の時刻を用いている。

船舶が大洋上を航海するには、海図上に、出発地から目的地への最短距離を求め、その方向に向け羅針儀、すなわち磁石と、毎時間における航走海里数を表す測程器とを頼りに進航し、その間常に太陽、月、星などによる天文測量で、洋上における位置、すなわち経度と緯度とを測定するのである。

しかるに「陽明丸」の室蘭出帆後は、毎日毎日濃霧で、天文測量はできず、ただ羅針儀と測程器とで位置を推定するほかなかったが、七月末日すなわちサンフランシスコ着の前日、神が赤十字に恵んだものか濃霧が一時消散したので、直ちに正確な位置を測定することを得た。

この天佑（てんゆう）により太平洋、航程四二五〇海里を無事に横断し、八月一日サンフランシスコに着いた。

サンフランシスコ

港口で米国赤十字社員、新聞記者らの分乗する多くの汽艇に迎えられ、対岸オークランド市との渡船場付近に繋留（けいりゅう）したが、ここの桟橋を埋めつくしている歓迎者の中には邦字新聞社員や救世軍士官らの同胞も見えた。

ここでもドイツ・オーストリア兵士の上陸問題で、移民局と市庁との間に相当面倒な交渉が行なわれた後、一行は金門公園付近の兵舎に収容された。

金門公園の一角にある茶店の建物、橋、泉水から置石の様式まで、純日本式で、日本産の金魚や緋鯉（ひごい）も泳いでおり、石段の上の小さな神社の前には、大きな鳥居があり、市中見物の乗組船員の一団は、この一角に一時間以上も足を留めさせられた。

一行は「陽明丸」が、石炭、淡水、食料品を補給する間に、各種の歓迎会や市中見物を終え、八月五日に帰船した。

大サンフランシスコの盛況、市長の歓迎、多数の慰問品などを、室蘭のそれと比較して、アメリカは大きいとの口吻（こうふん）を、子供らから聞かされた船員は、せめて室蘭でなく函館に寄港していたならと嘆いた。

多数の慰問品の中に、雑誌や新聞から蒐集したアルバムが二、三百あった。商品の包み紙を利用し、汽車、自動車、鳥獣などの写真を巧みに配合したもので、相当の日子（にっし）を要したものらしく、廃物利用の尤（もっと）もなるものと感じた。

一行中の一婦人が、六歳になる自分の男子に、室蘭で買った飛白（ひはく）、絣（かすり）の筒袖（つつそで）を着せていたが、在留邦人はもちろん、米人にもそれが可愛く見えたものか、最も多くの慰問品をもらっていた。

かくして八月五日、サンフランシスコ出帆、パナマに向かった。

サンフランシスコ―パナマ

サンフランシスコ港口のクリフ・ハスウから、海岸一帯は非常に雄大な景色に富んだ所である。

太平洋から打ち寄せる巨浪は、岩礁に砕けて白く散り狂い、海豹（アザラシ）は異様な咆哮（ほうこう）を続けながらこれに戯れ、純白な鴎（かもめ）は無数にその上空を舞い翔（かけ）り、陸上はカウボーイでも見えそうな大草原が、眼の届く限り広々としている。

この自然が映写する、一大天然色活動写真は、寝食を忘れるほど小児たちを喜ばし、就寝時間がきても上甲板を去らず、警務係が船首へ行けば船尾へ、船尾を追えば船首へと、月明の船上を走り回って騒いだ。

こんな腕白な連中であったが、船が南航を続けて、メキシコから中米沿岸に来ると、ロシアの記録にない暑さとなり、油を流したような海面から、強烈な日光を反射するので、さすがにすっかり閉口して、日覆の下で唸（うな）りだした。

そして、この付近名物の鱶（フカ）や大亀が、水面に浮遊していてもさほどに騒がず、いつパナマに着くのか、暑い暑いと苦しんでいたが、そのうち約二〇人ばかりが日射病にやられた。でも幸いに、いずれも軽症で、二、三日で回復した。

腕白小僧の中に、当年一〇歳の双生児がいたが、これは瓜二つ以上の酷似で、腕白仲間でも兄弟の鑑別を誤るぐらいであった。

この双生児は二人とも、船内きっての腕白で、日覆を丸く切り抜いて頭を出したり、マストに登ったり、あるいは昇降口に綱を引き回したり、毎日何か一つ二つ、子供らしいいたずらをやるが、兄弟のどっちがやったのか判定に困るので、サンフランシスコ出帆後、直径二寸ぐらいの真鍮板を作り常にこれをぶら下げさせ、この板に刻んである1と2の数字で取り締まることにしたが、こんなことで温順になる腕白でなく、こんどは一号だ、こんどは二号だと、ウォーカー大尉を苦笑させていた。

八月一八日午後八時、太平洋の東端パナマ港に到着。直ちに炭・水・食料品の補給を始め、翌日午前六時運河に向け進行するので、幹部数名のほか一切上陸を禁じた。

サンフランシスコからパナマ港まで、航程三二五〇海里。

パナマ運河

絵葉書が欲しい、果物が食いたいなど、子供心の無理からぬ望みを叶えてやりたいと、乗組員の一人とともに、客馬車に盛り上げるほど買い入れてきたが、到底七百幾十人の欲求を満たすことはできなかった。ところが、翌日ペテルミュゲル（注：ペドロ・ミゲル）と、ガツン両閘門（こうもん）通過の際、果物や絵葉書を寄贈する篤志家があったので、とにかく子供らに行き渡った。

これを見た他の人々も、自動車を飛ばして閘門に駆けつけ、ミカン、マンゴー、バナナなどを、雨のように船上に投げ込んだ。そのたびに一行の小児たちが、踊り上がって歓声を上げるので、岸に立っていた一少女が、大切に抱いていた人形を投げてくれたが、船まで届かず中間の水面に落ちた。

それ！人命救助は赤十字社の本領だと、早速縄梯子を下げてこれを拾い上げたので、船からも陸からも、ドッと一大歓声が上がった。

運河通航中、その平面、立体の二つの図を掲げ、一行の参考に供した。初めて汽船に乗り、大洋を航海し、今また現代科学の粋を集めたこの運河を通り、驚異と歓喜を満喫した子供たちは、赤禍の惨虐を忘れ、嬉々として躍り狂い、キャンブベル「マザー」をして、いつまでもいつまでも、この幸福を授け給えと神に祈らしめた。

パナマ運河は全長五〇里半あるが、キエレブラ（注：クレブラ）山を約九里、深く掘り下げただけで、両端に各三個の閘門を設けてチエグリス（注：チャグレス）河を堰き止め、海抜八五フィートの水準を保つ一大人工湖水を築構したものであるから、渓間に屹立していた大木なども、わずかにその樹頭を水面に現すにすぎず、小さな山は中腹まで水に没して小島となって散在し、すこぶる景致に富んでいる。

湖水が枯渇したら困るだろうという人があるが、雨量の多い所で枯渇よりも、閘門上に溢れるおそれが多いので、調節設備を施し、常に巨量の水を放流し、さらにこれを利用して水力発電をやり、運河地域全般の電灯、電熱から動力の一切を供給している。

閘門は、とても大仕掛けのもので、いずれも幅一一〇フィート、長さ一〇〇〇フィートあり、どんな大艦巨船をも、数分間に二〇数フィートずつ、三回で約八五フィートを浮かび上がらせ、その間の運航は、両岸に配備されている各三台の電気機関車が曳航し、艦船の機関は一切使用させぬ。

山から舟を下ろす――という古い歌があるが、これは二万トンにも余る巨船を、大洋面より八五フィートも高い所を走らせるのだから、京都の疏水で喫驚(びっくり)するおのぼりさんに見せたら、腰を抜かすに相違ない。

この科学の寵児(ちょうじ)にも、世界の大艦競争に関連して、一つの問題が起きてきた。弩級艦(どきゅうかん)が超弩級艦になり、トン数も三万五、六千トンとなると、艦幅は百フィートを超える。といって閘門の幅はそう簡単に拡大できない。そこで、頭を痛めた米国海軍首脳部が、世界平和がどうしたとか、うまい理由を持ち出して、運河を生かすためにやったのが、例のワシントン軍縮会議における、トン数制限となったのではなかろうか。

マラリアのために作業員の多くを失い、運河開鑿(かいさく)につまずいたフランス運河会社の権利を買収した米国政府は、工事に着手する前に、瘴煙蛮雨(しょうえんばんう)に閉ざされている運河一帯を健康地とするため、根気よく渓流や池沼に石油を散布し、雑草を焼き払って蠅と蚊を絶滅した。

何事にも拙速的猪突をやる我ら日本人は、大いにこの点に学ぶべきものがあろう。生命線満蒙を開発せよと叫びながら、やがては命からがら逃げて帰るであろう青年の、徒手空拳で雪の荒野に飛び出して行くのを、拱手傍観している我が国朝野の有識者は、米国政府がパナマに払った周到なる用意を、考察するの必要がありはしないか。

運河通過はふつう一二時間を要するが、「陽明丸」は篤志家の来訪などで、ガツン閘門でひと休みしたため、一四時間を費やし、八月一九日午後八時頃、大西洋に浮かび、運河北端のコロン港には碇泊せず、直ちにニューヨークに向け進航を始めた。

パナマ――ニューヨーク

翌二〇日は朝から北東の風強く、海も時々飛沫を船上に浴びせる程度に荒れ、船体も軽度に動揺した。もちろん船員はこれを時化とは見ないのであるが、子供たちはバナナやミカンをたくさん御馳走になった翌日であるから、たちまち船酔いを始め、顔を蒼白にしてごろごろと横たわり、昨日の歓楽場であった各艙口上は悲劇場に急変し、医官や衛生係をてんてこまいさせた。

そこへ、カメラを向けるいたずら者も飛び出し、苦悶と爆笑の混成合奏で、珍妙な場面がそちこちに展開された。

ウラジオストクから遠くフィンランドまで、地球の三分の二を迂回する大航海中、船酔い騒ぎはこの日、一日であったのは天佑といわねばならない。

キューバ島の北方にある低い島々の上に、高い椰子の木が点々としている、米大陸発見者コロンブスが、第一歩を印したサンサルバドル島――それを過ぎると暑気は刻々衰え、小児たちも元気にいたずらを始めだした。

少女団船酔いに悩む

米国東岸には、山らしい山は一つもなく、一帯に低いため、昼間はほとんど陸地が見えないが夜になるとそちこちに灯火が見え、それが北航するにしたがってその数を増し、ニューヨーク港口のオーシャンビューと、コニーアイランドとには、無数の強烈な灯火が空を焦がしている。

同時に海上でも、ニューヨーク出入の大型客船が、東、南と、頻繁に往来するので、西岸とは反対に、海上のほうが小児たちを喜ばした。

八月二八日ニューヨーク着。パナマより航程一九七二海里。

ニューヨーク

港務官指定のジャージー市に向け、米人の誇る自由の女神像の近くを進航した。

自由の本家と自称するヤンキーズムは、近来すこぶる鈍色(にびいろ)を帯び、売られた女神に性あらば、おそらく眼を閉じ鼻をつまむであろうが、銅像の女神は千古不休(せんこふきゅう)、同じ姿で自由の炬火(きょか)を捧げている。

ジャージー市は大ニューヨーク市とハドソン河を隔てているだけで、一フィート平方の地価千幾百ドルという株街、ウォール町とはわずかに二、三里の距離あるのみである。だから、ウォール町から十数里を隔つる大通りブロードウェー二百何十丁目よりも繁華であり、地価も高いはずと、陥りやすい錯覚から、せっかくの虎の子をインチキ土地会社に、してやられた人がたくさんあるはずだが、米国において州を異にするニューヨーク市とジャージー市は、大阪市と尼崎市の関係とは全然趣を異にしており、ブロードウェー二五〇丁目が坪一〇〇ドルになっても、ジャージー市はジャージー本位の地価以上には断じて騰貴(とうき)しない。

「陽明丸」はここで神戸で積んだ砂糖を揚げ、さらに北欧方面に行く石炭を積むため、約二週間碇泊するので、一行はこの間、港口のスタテン島の兵舎に滞在することとなり、小蒸汽船に分乗して、約五〇日間の住居であった「陽明丸」を一時離れた。

小児たちはこの五〇日の間に、散髪してもらった者もたくさんあり、玩具を拵(こしら)えてもらった者もあり、乗組員との間は非常に親密になっていたので、兵舎に行くことを喜ばず、ために赤十字社幹部は慰撫(いぶ)大いに努め、そしてやっと一同を連行した。

邦字新聞「紐育新報(ニューヨーク)」は、一行の旅情を慰めるため、在留邦人から義金を募っていたが、締め切りの迫っているにもかかわらず、わずかに四九ドル五〇セントを得ていたにすぎなかった。

ニューヨーク在留の邦人は知識階級の人々のみで、常に日米親善を説き、対米外交の不振を嘆いているとかねがね聞いている。

しかるに、知名の士を網羅している大会社の支店は風馬牛(ふうばぎゅう)であり、日本赤十字社ニューヨーク支部は鳴りを静めて動かず、さらに総領事館は入港手続きのため出頭した当の船長に、

「日本の汽船がロシアの小児団を乗せて来るというが何丸かね？」

と、質問する悠閑(のんき)ぶりである。

この領事館から、至急出頭せよとの厳命を受け、船長が再び出頭すると、

「外国の港では何事も慎重にやってくれ。ことに排日機運の台頭しつつある折柄、あんなことをしてくれては困る」

と、叱り飛ばされた。

そのいわゆる「あんなこと」とは――。

我ら国民が齊しく祝福し奉る、八月三一日の天長節を迎え、「陽明丸」は船舶儀礼により、前後の檣頭高く大日章旗を掲揚したことから起こった問題である。

「陽明丸」は傭船者の求めにより、常に後檣に星条旗と赤十字旗を連掲し、米国赤十字社を表していたため、この儀礼のための日章旗を、星条旗の上段に翻したのだ。

それを見てジャージー市の狼狽者や警官などが、怒号しながら押しかけて来て、

「米国国旗に侮辱を加えるとは何事か！」

とか、

「日本の国旗を引き降ろせ！」

とか、ものすごいけんまくで詰め寄せた。

実をいえば、船員の注意も足らなかったのであるが、いまさら退く訳にもいかぬので、日章旗を取り除けとは日本の皇室に対する不敬であり、同時に我ら日本国民を侮辱するものである。この星条旗は米国国旗として用いるものではなく、単に傭船者を表現するために掲揚しているにすぎぬと論争中、ウォーカー大尉が帰船したのでこれと相談のうえ、中央の米国国旗を除き、日本赤十字社傭船の表現に代えて解決した。ところが、例の排日紙がこれを大きく書き

立てたので、外交官がお冠を曲げたのであるから、船長は経過を報告して、
「当方の処置が正しいではないか、むしろ賞賛をしてもらえるかと考えていた」
と逆襲を加えて退出した。

こんな外交官により日米親善と外交振興を求むるは、木に登って魚を求めると同様である。

なお領事館に関してはこんな話もある。

一、ある船の乗組員数名が脱船して、某所に隠れていた。それを船長が探知して、その地の警察署へ取り押さえ方を願い出るために、領事館に援助を求めた。ところが、どこでどういう条件で雇うたかと、雇用契約から身元調査などを始め、書類の提出を命じ、くだらぬ手数を重ねているうち、肝心の脱船者は行方不明になった。

二、領事館のない港で病死した乗組員があって、次の港で領事館に届け出をしたら、相続人を明示せよとか、遺産受領者は誰かとか、海外就航中の船舶には不可能であり、かつまた法律も命じていない条件を並べ立てて、その届け出を受理しない。

そのほか、大小の問題を羅列すれば際限がない。外交振粛、あるいは邦人保護の本領を遠く離れたものが多く、追随主義でも、とにかく外交機関として動いているのは上の部だ。

この伝統的弊風を、一刀の下に打破した巨人、松岡洋右氏、および内田（康哉）外相に対し筆者は最大の感謝を捧げる者である。

入港翌日、船具店遠藤、小刀商会の斡旋で、紐育新報社を訪問し、義金募集の挙を感謝し、併せて一行は千余名の大集団で、小児だけでも七八〇名の多数なれば、五〇ドル足らずの慰問品はむしろないほうがよく、真に一行を慰め日米親善に貢献せられようとなら、さらに一段の努力が望みたいと激励し、「陽明丸」乗組員の名で金一〇〇ドルを投じたところ、急に篤志家が現れて、たちまち五二九ドル五〇セントに達した。

が、総領事館はもちろん、日本赤十字社米国支部、および一流会社からはついに一セントの義金をも得られなかった。

卿(きょう)らは日米親善も、対米外交振興も、口にする資格を、権利を、自ら放棄せられたのであるか。

紐育新報社および在留邦人中の篤志家、ならびに義金拠出を斡旋尽力せられた遠藤、小刀両氏、ことに義金拠出のほかに慰問用の品物を、とくに安価に提供せられた森村商会に対し、筆者は深甚なる謝意を表しておく。

何事にも世界一を振りかざす米人には、少なからず当てられるが、ニューヨークだけは世界一と誇称せられても、反駁(はんばく)し得ぬ大都会であるから致し方がない。

ニューヨークを起点とする鉄道が一三線、定期航路が八七線、出入船舶が一日三百余隻、図書館の数が七〇有余、地下鉄道は各社線総長が八四〇里、各線とも料金は五セント均一制、そして、これは最近の事実だが、三〇階以上の高層建築物が九四、最高はエンパイア・ステート・ビルで八六階、高さ一二五〇フィートとは、聞いただけでもウンザリしよう。

この大ニューヨーク市の中心であるマンハッタン島は、イースト河とハドソン河との間にあり、東西二里、南北一六里というおそろしく細長い島で、三四線の高架と地下鉄道が縦走している。

この島の南部がビジネス・センターで、三〇階から五、六〇階の高層建築物が屹立し、中部は小売店街で、三越・大丸・十合（そごう）・高島屋が総がかりでも、及ばぬほどの桁外れの百貨店がある。そしてその間々に、活動写真館があり、料理屋があり、舞台に本物の汽車を走らす芝居小屋もあって、奇抜な電気広告とイルミネーションが不夜城を現出し、北部一帯は住宅地で、一〇階、二〇階のアパート街である。

この島の南部は、今、地価が一フィート平方千ドル以上もしているが、三百年ほど前にオランダ政府がここの開発に手を着け、まず土人酋長（しゅうちょう）にたらふく芳烈な火酒（かしゅ）を馳走し、有頂天に酔っぱらった頃を見計らって、売買交渉を持ちかけ、わずかに六〇ギルダーで買い取った。

マンハッタンという言葉は、土人語で「酔っぱらい」という意味で、気の付いた酋長が酔っぱらっていたとくやしがり、「酔っぱらい、酔っぱらい」――「マンハッタン、マンハッタン」と繰り返していたのが島名になったという、面白い話が伝わっている。

この科学文明の都市、大ニューヨークに、最近まで馬車鉄道があったのだから面白いではないか。営業許可期限が満了せぬとの理由で、四分の一里ほどを一人の乗客もなしに、一日幾往復かヨタヨタやって、科学文明に疲れた人たちを面白がらせていた。

ニューヨークの諸種の団体は、ほとんど連日一行を歓待したが、なかんずくハドソン河舟遊び、ブロンクス公園の慰安会、遊覧自動車による市中巡行などは、実に大袈裟なものであった。

米国赤十字社は、一行をフランス・ボルドーに留め、おもむろに小児たちの近親者を求めつつ、ロシアの国情を見ることに決し、軍医少佐エバソール氏は、バラック建設その他の要務を帯びて先発した。

するとそのあとで、小児団から次のような無理な要求が出た。フランスは今なおロシアと交戦状態だから、われわれをフランスへ送ることは中止してもらいたい。そして、ペトログラードへ一二時間以内で帰着し得るバルチック（バルト）海の一港へ送ってくれ、しからざればこのまま米国へ置いてもらいたいというのだ。そしてついに連署の請願書を米国大統領へ送達した。

が、米国赤十字社としては、もちろん一行を米国へ留めて置く訳にはいかないし、といって、ペトログラードへ一二時間以内で帰着し得られる港へ送ろうとすれば、エストニアかフィンランドの一港を選ばねばならぬが、エストニアはすでに赤化しつつあり、フィンランドは冬営に適せずで、小児団の要求はこれを断固として拒否した。

　そこへ、どこにでもあることだが、でしゃばりの婦人団体、アメリカン・ウーメンズ・エマージェンシー・アソシエーションのオールド・ミス一党が、小児連の肩を持って太鼓を叩き、何が何だかわからなくなるほどに問題を紛糾させた。

　その最中に、小児団のほうでは、一〇人、二〇人と集団的に、しかも連日、兵舎の塀を乗り越えて脱走を始めた。そこで赤十字社側は、ついに小児団を武装衛兵で警備させ、一方、警察に依頼して総動員で、脱走者を追及したが、一七名は行方をくらましてしまった。

ウォーカー大尉と愛猿

　でしゃばり婆さんどもは、ますます得意になって、饒舌を振るうので、ついに赤十字社側が折れて予定を変更し、バルチック海行きを発表した。

　兵舎滞在中、ベーラと呼ぶ一六歳の少女が病没した。

　この少女は露都の豪家に育ち、一三歳の時、暴徒に襲撃され、両兄は力闘して斃れ、父は自尽するという惨劇の中から、無我夢中で飛び出し、夢遊病者のようになってシベリアに出たところを救われたもので、爾来(じらい)極度の神経衰弱に陥り、時には発狂状態にまで昂進(こうしん)したりしていたが、衰弱の果て、ついに異郷で父兄の後を追うたのであった。

限りなき欲望に駆られるわれら人類は、かかる悲惨な人生を終わった少女のことを考え、自省する必要があろう。

続いてまた不祥事が突発した。

ニコロフスキーという一四歳の少年が、棒切れを銃に擬し、武装衛兵と戯れていたが、どうしたはずみか、衛兵の銃がドンと発射し、少年は頭部貫通銃創(じゅうそう)で即死した。

すると、例の婆さんどもが、また躍りだした。

曰(いわ)く、装填した銃器を弄したのがまずいのだ。また曰く、衛兵が勤務を忘れて、子供に戯れるとは何事ぞ。等々と鋭く攻撃して、不慮の出来事だと軽く逃げる当局を追及していたが、「陽明丸」のニューヨーク出帆までに、結論を聞き得なかったのは遺憾であった。

さらにまた哀れな女性があった。

シミオンと呼ぶ妙齢のロシア婦人が、米国鉄道技師とシベリアで嬉しい婚約を結び、楽しい希望に燃えつつ遠くニューヨークに航海し、許婚の人から懐かしい電報を受け取り、年頃の友達に羨(うらや)まれながら、踊る鼓動を抑えて開いてみると、どうだ、「破約」とある。

声も立て得ず倒れ伏したシミオンは、涙を拭いながらキャンプベル「マザー」に、再びシベリアに送還してくれと訴えていた。

喜びの絶頂から悲しみの深淵（しんえん）に投げ込まれたシミオンは、せめて楽しかったシベリアの土を求めたものであろう。

新聞紙が報じつつあった、シベリアにおけるヤンキーの不徳行為は、事実であったものと首肯される。咄咄（とつとつ）――。

かくして九月一四日、「うちに帰って安心した」と喜ぶ一行を、再び乗せて「陽明丸」は、鼻つまみの自由の女神像を後にして、ニューヨークを出帆した。

ニューヨーク―ブレスト

ニューヨーク在留邦人の真心の結晶である新報社の寄贈品は、量においても質においても、米人のそれとは比較にならぬほど貧弱なものであったが、その効果は反対で、小児一同非常に感動しており、それが分け与えられるたびごとに、

「日本人からもらった菓子だ」

などと珍重し、

「お菓子をありがとう。一つ召し上がれ」

少女からお菓子を勧められる安井機関士

と、乗組船員を取り巻いて勧めるので、酒なら、斗酒なお辞せずという連中が、そこでもここでも、悲鳴を上げるような始末だった。

ニューヨーク出帆の翌々日、一ロシア婦人が病没した。

ニューヨーク滞在中に内耳炎の手術を受け、安静を保つため残留を勧められたのを顧みず、死を期して行を共にしたためだという。

その夜は船尾の一角に祭壇を設け、帆布袋に納めた「むくろ」を安置し、赤十字旗をその上に被せ、生前親しかった者はもちろん、幾度か死地に陥りながら、固く手を握りあってここまで行を共にした多くの人たちの、祈りと嗚咽のうちに数刻を送り、やがて正子（午前零時）となって、「陽明丸」は船首を北に向けて静止し、これらの人々の祈りと慟哭裡に、西経六五度、北緯四〇度の水底に葬った。

凶事は三度重なるという諺があるが、一六歳の少女の死と、ニコロフスキー少年の死と、これで凶事が三度続いた訳で、以後至極平穏に、航程三二〇〇海里を無事に航海し、九月二七日フランス西北端のブレスト港に着いた。

ブレスト港

在港の艦船はいずれも満艦飾をやっている。

まさか遠来の「陽明丸」を迎えるためでもあるまいと聞いてみたら、新任大統領の就任を祝福するためだとわかった。

当港でも、日米人以外の者の上陸はもちろん、外来者との面会をも禁じ、武装兵をもって監視するという物々しい取り締まりであったが、オーストリア人は埠頭に軒を並べているバーから、巧みに酒を手に入れ、ロシア軍に捕らえられて以来、二、三か年間の渇きを医したまではよかったが、東西その揆を一つにする乱に終わり、警務長ウォーカー氏を手こずらせた。

しかし、警務長自身も、濃艶なフレンチ・ガールの酌で、強いてかこの禁制の水を賞味しているのだからどうにもならず、船尾の一角には徹宵絃歌がさざめいていた。

一行を迎えるため、ボルドーに新築した廠舎の写真が送られてきた。

五棟の平屋バラックで、一五万ドルを要したというだけに、実に立派なものであったが、レニングラードに思いを馳せている一行は、てんでこれを顧みなかった。

過激派の難をフランスに避けている多数の白色ロシア人の中には、必ず一行の近親者あるべしとの推察から、米国赤十字社フランス支部が探索した努力も空しく、わずか二名を見出し得たにすぎなかった。
この近親者に引き渡すべき二名と、南ロシア・ウクライナ方面に帰還する者四名と、合計六名がここで一行から別れることになった。
シベリアの荒野で生死を共にし、互いに助け助けられた友人と、おそらく永久の別れとなるべきこの別離を、一同いたく悲しんで、幾度も幾度も接吻(せっぷん)と抱擁とを繰り返し、果ては監視兵の制止もきかず、門外まで走り出て別れを惜しみ、何も知らぬバーの白首連(しろくびれん)(女給たち)をまで、もらい泣きさせていた。
この港ではフランス海軍から、石炭と淡水の供給を受けたのであるが、当の水兵さんは英語を知らず、一方乗組員にはフランス語を解する者がない。で、いろいろ考えた末、
フランス語を解するロシア婦人
ロシア語を解するドイツ人
英語を解するドイツ人
と、三人の通訳を介してようやく打ち合わせを済ませた。
よく歯の抜けたような話だというが、これはまた歯も皮も味もない、気の抜けたようなものであったが、ともかく、石炭も水も充分積み込んで、翌二八日キール運河に向けて出帆した。

ブレスト—キール運河

翌二九日、英仏間のドーバー海峡航行中に、経度はまた元の東経に戻った。東経一三一度のウラジオストクから、一路東へ東へ進み、一八〇度線を越えてからは西経を数えていた。それが今、英国グリニッジ天文台のある経度零の線を通過し、また元の東経を冠するようになったのである。

ドーバー海峡から北海一帯は、大戦中ドイツ潜水艦活躍の中心であり、近世海戦史の最後のページを飾る英独主力艦隊決戦の地である。

「陽明丸」は、平和に帰った静かな海上を一路北進し、水平線上に明滅する灯光で、連合国監視の下に今盛んに破壊されているであろう大要塞のあるオスランド島の有り様を思い浮かべつつ三一日の朝、上流にハンブルク港のあるエルベ河を遡り、キール運河の南端港、ブルンスビュッテルに到着した。この航程八〇〇海里。

キール運河

この運河は、カイザー・ヴィルヘルム・カナルの本名のとおり、前ドイツ皇帝によって開鑿(かいさく)されたもので、全長六五海里、北端がキール軍港に通じているため、一般にキール運河と呼ばれている。

軍事上の目的を主としたものだけに、運河の幅、深さともに、大艦巨船の運航にいささかの困難をも感じないという立派なものである。

この運河にも南北端に閘門があって、バルチック海と北海の潮高、すなわち海水面の高さに高低があるのを調節している。

ドイツの誇りとする鉄道網は、水面上四〇メートルの鉄橋、回転橋、または中央から開口する跳ね橋などで、運河を横切ること約十か所、それがいずれも大規模のものなので、さすがはドイツだと驚嘆させられる。

スエズ、パナマと、このキールの三大運河を比較してみると、全長はスエズが第一でキールがこれに次ぎ、幅はパナマが第一でキールがこれに次ぎ、通航の難易はキール最も容易で、スエズは反対にいちばん困難であり、パナマは繁累(はんるい)極まるものである。沿岸の景趣はパナマが最も勝(すぐ)れ、スエズは広漠たる砂漠でほかの二者と到底比較にならぬ。海運上の価値はスエズ、パナマ相伯仲(あいはくちゅう)し、キールは大したことはないように思う。

運河内の造船工場で、数隻の軍艦が解体中であった。水先人に聞いてみると、講和条約による廃艦で、英仏両国が解艦を監視しているという。

敗戦の悲哀を如実に示しているもので、傲然(ごうぜん)たりし戦前の面影は、水先人以下来船中のどのドイツ人にも認められず、反対に深い哀愁の色を帯びていた。

敗戦国民の苦悩を思うにつけても、「非常時日本」の文字を党略本位の政治屋、国家観念のない政商、および新しがり屋の国際主義者どもに、ハッキリ認識させる必要があると思う。

一行中のドイツ人はもちろんオーストリア人も、南北閘門通過の際、食料品、衣類等々、手当たり次第に陸上の人々に投げ与えていた。数日後に任務を終える「陽明丸」の船艙には、これらの諸品が山積みされているので、米国赤十字社幹部も知らぬふりで横を向いていた。

キール―ヘルシングフォース

バルチック海からフィンランド湾一帯は、夥しい数の機械水雷を沈置したロシア・ドイツ両国とも、戦後の国情から掃海をやらないので、沈設区域から移動したもの、あるいは繋鎖が腐蝕して浮流するものなどあり、全海面を危険区域と見なければならぬ実状にあったので、とくにこの方面の経験に富む水先人を求め、スウェーデン東岸ゴットランド島の西側を北進し、島の北端から東へ、北へ、また東へと、エストニア西岸諸島を迂回し、レベル港口から真北へ直進し、一〇月一〇日ヘルシングフォース（ヘルシンキ）港に安着した。

この航程は八〇〇海里足らずであるが、常に針路を転じ、夜間はもちろん昼間でも、しばしば速力を減じ、時には停止したりしたため、普通に航海する二倍の時日を要した。

白髭の紳士と記念撮影

ヘルシングフォース港

フィンランド共和国は、長年の間、ロシアの抑圧を脱するため、常にドイツに接近していた関係から、独立後はすべてをドイツに範を取り、文武官の服装から貨幣の様式まで、ドイツそっくりで、カイゼル髭をひねり上げている武官の多くを途上で見かけた。したがって外国語もドイツ語が主で、仏英これに次ぎ、ロシア語は知っていても口にする者がない。

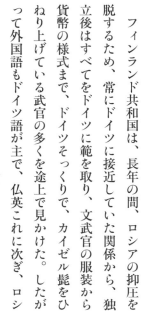

当港でもロシア人は一切上陸させない。ロシアと眼と鼻のこの港まで来たのであるから、何か国内の事情が知れそうなものと焦慮（しょうりょ）する小児たちのために、露字新聞を求めて帰船したが、東北フィンランドに関する記事ばかりだと失望するので、さらにいろいろと買い求めてみたが、ついにどれもソビエト・ロシアに関するニュースは見出すことができなかった。

市中見物後、とある食堂に入ってはみたが、言語不通で閉口しているところへ、白髯（はくぜん）豊かな紳士から、突然英語で、

「諸君は日本人かね?」

と、呼びかけられ、それから卓をともにして、この紳士を煩わして食事をしながら、その語るところを聞いていると、ロシアの帝政当時、ロシア外務省の相当の高官であったらしく、故伊藤(博文)公爵、本野(一郎)子爵、末松(謙澄)子爵らとも面識あり、ソビエト一番のりの大阪毎日記者、布施氏の入露に際しても、少なからず尽力したということであった。

遺憾なことには、その紳士の名を逸したので、その時記念撮影した写真を、ここに挿入しておいた。

在泊三日、フィンランド官憲と米国赤十字社の交渉なり、ウイボーグの東南六〇里の無名の寒村にある旧隔離病舎に、一時小児団を収容することに決し、一〇月九日当港出帆、また危険水面を避けてフィンランド沿岸を曲折し、翌一〇日コイビストに到着した。この航程一三〇海里。

コイビスト港

コイビストはロシア国境に近い港であるが、戸数は五、六〇にすぎず、少量の木材を小型汽船や帆船で輸出するだけの、極めて貧弱な港である。だが、フィンランド共和国は、国防上ここを相当に重視するらしく、飛行機数機を常備する水上飛行隊を置いている。

コペンハーゲン港頭の陽明丸

この港には不似合いな、三千トン級のドイツ汽船が先着していたが、これはロシア・ドイツの捕虜交換船で一一日の未明、ドイツ兵を満載して出帆した。

この汽船でこの港に送還されたロシア兵中には小児たちの近親者が幾人かはいたかも知れない、せめて二、三日早くこの港に到着していたならと、出帆する汽船を感慨深く見送っていたのは、無理もないことであった。

「陽明丸」はこの港で使命を果たすので、給養品、食料品および器具、寝具の陸揚げを始め、一三、一四日の両日で、これらの一切と、ドイツ・オーストリア人を除いた一行全部を上陸させた。

ウラジオストク出帆以来、寒暑を共にし、三か月交誼の深かった乗組船員に、一行の誰もが、声を曇らせて、「さようなら」、「さようなら」と繰り返した。

乗組船員もまた、彼らの前途を祝福して、これを駅頭まで見送って行った。

一時に九百人に近い大家族を失った「陽明丸」は、台風一過に等しい異妙な寂莫(せきばく)を感じながら、デンマークの首府コペンハーゲンに帰着し、積み荷の石炭を揚陸し、ドイツ・オーストリア人らをもここで上陸せしめ、臨時施設の一切を取り除いて、一〇月二八日、元の貨物船に復帰し、問題の星条旗も煙突の赤十字も姿を消し、勝田汽船株式会社の社旗が、メインマストに翻ることになった。

日本・アメリカ・ロシア・ドイツ・オーストリア・チェコスロバキア・フィンランドおよびポーランドの八か国、一千に余る多数が、一家のごとく、航程一万五五〇〇余海里、洋の東西、地球の三分の二を迂回する九〇余日の航海中、いささかの紛議もなく、荒天にも際会せず、危険極まる水雷の浮流する、バルチック海をも安全に航過し得たのは一行の幹部、「陽明丸」乗組員および関係者一同の熱誠と、赤十字旗に垂れ給うた神仏の加護によるものと、ここに感謝の意を表して擱筆(かくひつ)する。

この可憐な小児たちが、その後幸福な日を送っているかどうかは、一切不明で知る由もないが、「陽明丸」は先年、宮城県金華山の海岸で、濃霧のため暗礁に乗り上げて沈没した。

（金光図書館蔵）

（注：陽明丸は一九二九〔昭和四〕年七月二日、岩手県大船渡市三陸町越喜村首崎付近で座礁・沈没。アジア歴史資料センター海員関係雑件第七ノ二巻）

参考文献

「幻のロシア絵本」復刻シリーズ（２００４）淡交社
「芸術新潮 特集・ロシア絵本のすばらしき世界」（２００４）新潮社
「PETERSBURG CHILDREN'S ALBUM by the children saved by the whole world」Olga Molkina著（２０１２）
「赤色革命余話 露西亜小児團輸送記」茅原基治著（１９３４）茅原基治
「西伯利出兵史 全三部」参謀本部編（１９７６）国書刊行会
「西伯利出兵憲兵史」憲兵司令部編（１９７６）国書刊行会
「西伯利地誌 全二巻」参謀本部編（１９７６）国書刊行会
「全記録ハルビン特務機関—関東軍情報部の軌跡」西原征夫著（１９８０）毎日新聞社
「シベリア出兵—革命と干渉 １９１７〜１９２２」原暉之著（１９８９）筑摩書房
「シベリア出兵の史的研究」細谷千博著（２００５）岩波書店
「評伝 勝田銀次郎」松田重夫著（１９８０）青山学院
「聖路加国際病院創設者 ルドルフ・ボリング・トイスラー小伝」中村徳吉著（２００９）聖路加国際病院
「Dr. Rudolf Bolling Teusler AN ADVENTURE IN CHRISTIANITY」Howard Chandler Robbins 及び George K. MacNaught 著（１９４１）Charles Scribner's Sons
「Ten days that Shook the World」John Reed 著（２００７）Penguin Classics
「THE RUSSIAN CIVIL WAR」Evan Mawdsley 著（２０１１）Birlinn Limited
「Americas Siberian Adventure, 1918-1920」William S. Graves 著（１９４０）Ayer Co Pub
「大日本帝国 満州特務機関」峰岸とおる画 黒井文太郎著（２００９）扶桑社
「派兵 全四部」高橋治著（１９７３）朝日新聞社
「ポーランド孤児『桜咲く国』がつないだ７６５人の命」山田邦紀著（２０１１）現代書館

「善意の架け橋 ポーランド魂とやまと心」兵藤長雄著（１９９８）文芸春秋
「第九師団戦史」（１９６６）
「図録『浦塩とよばれた街』」（２００８年）新潟市美術館
「露西亜大革命史」エ・エル・ウイリアムス著（１９２５）朝香屋書店
「日本赤十字 第１９９号」（１９１２）
「第九師団西伯利派遣記念寫眞帖」（１９２２）第九師団
「尼港虐殺事件 哈府武装解除事件 記念寫眞帖」（１９２０年代・刊行年不明）
「血染の雪：西伯利亜出征ユフタ実戦記」山崎千代五郎著（１９２７）武蔵野書房
「西伯利亜日記」榎本武揚著（１９３４）海軍有終會
「新修 神戸市史 産業経済編Ⅳ」（２０１４）神戸市
「ソ連革命をその目で見た一日本人の記録（旧名 悩める露西亜）」黒田乙吉著（１９７２）世界文庫
「『シベリア出兵』史論修正序説」渡邉文也著（１９９３年）近代文藝社
「教科書には載せられない日本軍の秘密組織」日本軍の謎検証委員会編（２０１６）彩図社
「ロシア革命とシベリア出兵―ロシア民衆と日本の民衆 写真と文」新藤東洋男著（１９７８）日ソ協会福岡県連合会
「平和の失速 大正時代とシベリア出兵 全八巻」児島襄著（１９９４）文藝春秋
「日露戦争 全８巻」児島襄著（１９９０）文藝春秋
「歴史街道 エルトゥールル、杉原千畝 命の秘話 手を差しのべた日本人たち」（２０１６）ＰＨＰ研究所
「歴史街道 奇跡の将軍・樋口季一郎 あくまで『人道』を貫く」（２０１２）ＰＨＰ研究所
「シベリア出兵 近代日本の忘れられた七年戦争」麻田雅文 著（２０１６）中央公論新社
「氷雪のバイカル 革命下のシベリアを見た少年」佐賀純一著（１９９０）筑摩書房
「船の知識 趣味の科學叢書」小杉花影著（１９２４）金星堂兒童部
「現代叢書 極東の露西亜」徳富蘇峰監修（１９１３）民友社
「尼港虐殺パルチザンと原内閣」三木麟著（１９２０）大示房出版部
「露西亜の眞相」戸泉憲溟著（１９２４）大阪毎日新聞社

「亜細亜時論 西伯利出兵絶叫號」（1918）黒龍會出版部
「實地視察 寶庫西伯利」野守廣著（1918）實業之日本社
「西伯利鉄道 全・西伯利鉄道旅行案内」田辺朔郎著（2004年）大空社
「シベリヤ日記」榎本武揚著（1939）南満洲鐵道総裁室弘報課
「露西亜革命實記」トロツキー著（1920）日本評論社
「シベリア出征日記」松尾勝造著（1978）風媒社
「西伯利亞（シベリア）出兵物語」土井全二郎著（2014）潮書房光人社

おわりに

運命――。二〇〇九年にサンクトペテルブルクで、陽明丸の事蹟に出遭って以来、この言葉がずっと頭から離れない。

ロシアのウラル地方で計らずも難民になり運命を共にした八〇〇人の子供たち、そして人探しを依頼したオルガ・モルキナさんと筆者との出会い、その後の数々の出来事を振り返るにつけ、まことに不思議で奇妙としか言いようのない体験が今もなお続いている。運命とは、神の計らいなのか、それとも人の意思によってある程度コントロールし得るのだろうか。

二〇歳そこそこの頃だっただろうか。理論派の先輩にこんな質問を投げかけてみた。

「運命は、努力によって変えられるもの？　それとも天地自然のなせること？　神様の仕業なの？」

「そりゃ君、努力八〇パーセント、神の助け二〇パーセントと僕は思うけど……」

また、別の人はこう言うのだった。

「幾多の偶然の積み重ねが必然を生み出してゆく。それを人は運命と呼んでいる」

長いわが人生を振り返ってみると、努力はしたけれどそれだけではどうにもならなかった体験から、反省と諦めを繰り返しながら、どうにか今日までやってきたというのが正直な思いである。ところが、この陽明丸の事蹟に巡り合ってから、どうやらその運命という言葉のニュアンスがこれまでと違う気がし始めてきたのだ。

まず、このような難しい人探しであったにもかかわらず、どうして私が見つけ出すことができたかということだ。聞けば、モルキナさんは以前にも幾人もの方々に船長探しを依頼していたという。

なぜ私にこの難題がふりかかったのか？　そして、この難題をどうして私が解決できたのか？

調査開始後、矢継ぎ早に「陽明丸」の事蹟が解明され、協力者が次々と現れ、思ってもみなかったNPO法人の設立が実現した。困りごとが発生すると、解決の方向に自然と導かれていった。

物質的価値が重要視され、科学で説明できないものは存在しないのと同じだという傾向にある現代において、こんなことを言うと変な宗教か迷信かと思われそうだが、世の中にはわれわれの理解を超えたものがたくさんあるということが思い知らされた。

本書の出版も、日本経済新聞の二〇一五（平成二七）年五月二八日の「文化」というコラムで陽明丸の事績が掲載されたことがきっかけで、並木書房とのご縁につながった次第である。船長発見から五年、科学では解き明かせない森羅万象の不思議を思い、目に見えないものの存在に畏敬の念を新たにした。

筆者のひとり言。

「やっぱり神はいらっしゃる」

最後に、裏表紙の作品は、「太平有象」という題の中国伝統吉祥図で、天下泰平の寓意を持つ。ロシア絵本にある象と筆者の篆刻作品をシルクスクリーンによって融合させたもので、サンクトペテルブルクの個展でポスターにもなったものである。象の背の大瓶の中の字は「宝」、足元の字は「寿」の篆刻。

北室 南苑

北室南苑（きたむろ・なんえん）
書・篆刻家、著述家。石川県在住。北枝篆会会長、NPO法人「人道の船　陽明丸顕彰会』理事長。
オーストラリア・シドニー個展（1994）
スコットランド・エジンバラ個展（1996）
中国・第2回上海国際芸術祭招待（2000）
米国・ロサンゼルス個展・講演（2001）
中国・国際西夏学界招待（2005）
中国・甲骨文芸術国際学会招待（2007）
ロシア・サンクトペテルブルク個展（2009）
著書に『雅遊人—細野燕台の生涯』、『篆刻アート』、『哲学者西田幾多郎の書の魅力』（いずれも里文出版）他がある。

陽明丸と800人の子供たち
—日露米をつなぐ奇跡の救出作戦—

2017年４月10日　１刷
2017年４月15日　２刷

編著者　北室南苑
発行者　奈須田若仁
発行所　並木書房
〒104-0061東京都中央区銀座1-4-6
電話(03)3561-7062　fax(03)3561-7097
http://www.namiki-shobo.co.jp
編集協力　一柳 鵜
図　版　　神北恵太
印刷製本　モリモト印刷
ISBN978-4-89063-361-6